Gaby Allendorf & Philip Kallrath

Grenzenloses Gartenradeln

Unterwegs im Münsterland
und im Achterhoek

aktiv
KLARTEXT

Bildnachweis

Adobe Stock: ©MCM S. 4/5; Gaby Allendorf: S. 36, 40, 73, 80, 98, 103; Sylvia Bader-Giese: S. 81; Jürgen Ebbing: S. 59; Pia Enning: S. 85, Modeste Herwig: S. 118/119, 120; Imago/Werner Otto: S. 84; Franz-Josef Kemper: S. 25, 28, 105; Dieter Meiners: S. 116 r.; Günter Seggebäing: S. 37; Stadt Borken: S. 13; Stadt Velen: S. 47, 59; 100% Winterswijk: S. 7, S. 8/9, 158. Alle übrigen Bilder: Philip Kallrath.

Bibliografische Information der Deutschen Nationalbibliothek
Die Deutsche Nationalbibliothek verzeichnet diese Publikation in der Deutschen Nationalbibliografie; detaillierte bibliografische Daten sind im Internet über portal.dnb.de abrufbar.

Impressum

1. Auflage April 2023
Layout und Satz: Joachim Bartels
Kartenerstellung: Leon Thomes
Karten: Die Karten wurden mit Daten von OpenStreetMap erstellt (www.openstreetmap.org).
Umschlaggestaltung: Guido Klütsch, Köln
Umschlagabbildung: © Pixabay/MabelAmber
Druck und Bindung: AALEXX Druck Produktion,
Thönser Str. 5a, 30938 Großburgwedel

ISBN 978-3-8375-2538-0

KLARTEXT

Jakob Funke Medien Beteiligungs GmbH & Co. KG
Jakob-Funke-Platz 1, 45127 Essen
info.klartext@funkemedien.de
www.klartext-verlag.de

Zeichenerklärung

- Startpunkt
- Zielpunkt
- Gastronomie
- Garten
- Sehenswürdigkeit
- Aussichtspunkt
- Naturerlebnis
- Freizeitspaß
- Fotospot
- Wanderstrecke

Inhalt

Vorwort

Viele Menschen zieht es ins Grüne, wenn sie abschalten und Kraft tanken möchten. Dieser Freizeitführer verbindet zwei beliebte Naturerlebnisse zu einem: Radfahren auf grünen Routen und den Besuch traumhafter Gärten – Aktivität und maximale Entspannung. Radfahren ist gesund für Herz und Kreislauf, es stärkt die Muskeln und beruhigt den Geist. Der Aufenthalt in einem schönen Garten ist Urlaub für die Seele, denn wo Pflanzen gedeihen und Blumen ihre Pracht entfalten, dort blüht der Mensch auf.

Eine Zeit lang waren Gärten aus der Mode gekommen, denn Blumen und Gemüse lassen sich günstig und viel bequemer im Supermarkt besorgen. Inzwischen weiß man: Der Mensch braucht den Kontakt zur Natur, zu Nutz- und Zierpflanzen und zu Mutter Erde. Der Garten ist zurück, als eigene Parzelle und zunehmend auch in Form von Gartenreisen. Die aktivste Variante ist das Gartenradeln. Und dazu lädt Sie dieses Buch ein.

Entdecken Sie die grüne Parklandschaft des westlichen Münsterlandes und den gemütlichen niederländischen Achterhoek auf idyllischen Radwegen und steuern Sie dabei fantastische Gärten an, deren Besitzer Sie willkommen heißen.

Traditionelle Bauerngärten, malerische Wildgärten, abwechslungsreiche Schaugärten, großzügige Landschaftsgärten, ein moderner Designergarten, ein Apothekergarten und ein herrschaftlicher Schlosspark bieten viel Abwechslung und Erlebnisse für alle Sinne. Bitte beachten Sie: Die an den jeweiligen Touren angegebenen Zeiten beziehen sich auf die reine Fahrtzeit ohne Einkehr und Besichtigung der Gärten. Wir empfehlen jedoch, für jede Tour einen ganzen Tag einzuplanen, um alle Zwischenstationen genießen zu können. Jede der sechs Tagestouren hat ihren eigenen Charme und ihren besonderen Charakter.

Unterwegs wählen Sie zwischen außergewöhnlichen Einkehrmöglichkeiten – vom Pfannkuchenhaus über Garten- und Bauernhof-

cafés und Weideterrassen bis zur historischen Mühle und einem Ziegenkäsehof. Sogar ein Bauernhof-Eiscafé inmitten der Natur, ein Fischlokal in einem Angelparadies und ein Weingut laden zum Verweilen und Genießen ein.

Informieren Sie sich bitte im Vorfeld über die Öffnungszeiten der Gärten, die von Saison zu Saison variieren können. Beachten Sie bitte auch, dass die meisten Gärten Eintrittsgelder erheben. Alle entsprechenden Informationen finden Sie auf den angegebenen Webseiten.

Wir wünschen Ihnen grenzenlose Gartenfreuden und viele nachhaltige Erlebnisse im schönen Münsterland und im beschaulichen Achterhoek!

Gaby Allendorf & Philip Kallrath

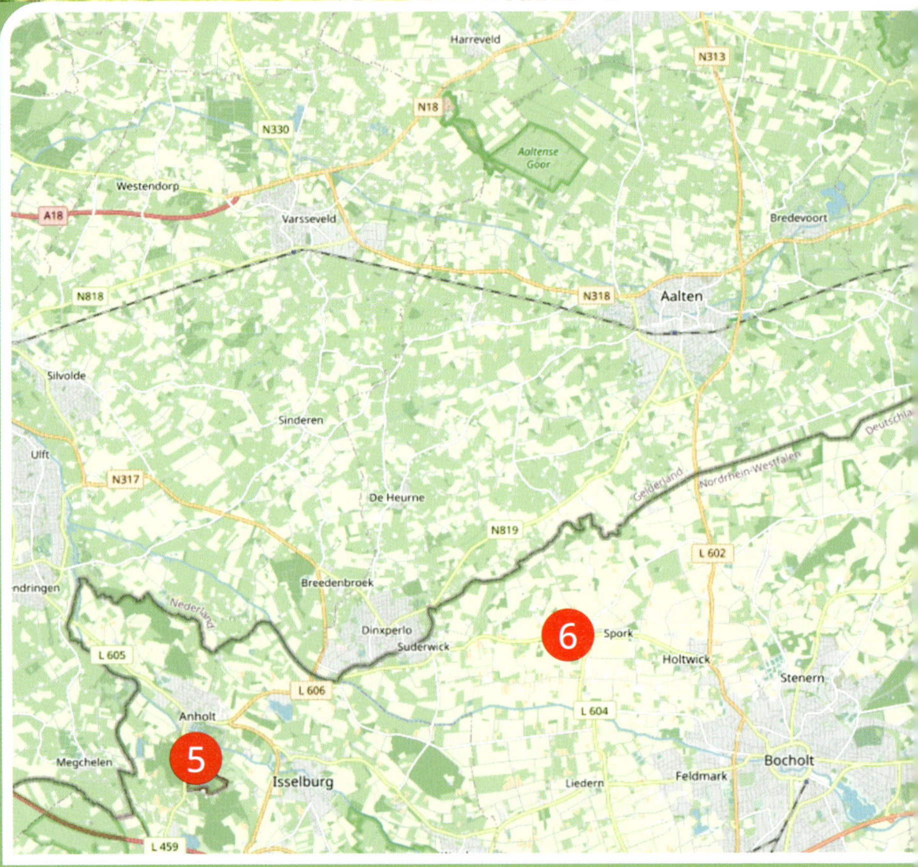

Harreveld
N313
N18
N330
Aaltense Goor
Westendorp
A18
Varsseveld
Bredevoort
N818
N318
Aalten
Silvolde
Sinderen
Ulft
N317
De Heurne
Gelderland
Nordrhein-Westfalen
N819
L 602
Breedenbroek
Nederland
Dinxperlo
Suderwick
6
Spork
Holtwick
Stenern
L 605
L 606
Anholt
L 604
5
Megchelen
Isselburg
Liedern
Feldmark
Bocholt
L 459

Die Touren im Überblick

Rosen & Weinreben
Unterwegs im romantischen
Achterhoek

Die Niederlande sind ein Radfahrerparadies. Das gilt ganz besonders auch für den Achterhoek, den „hinteren Winkel“. Es gibt unzählige Radwege durch Alleen, Wälder und Moorlandschaften, vorbei an blühenden Wiesen und sattgrünen Feldern, gepflegten Bauernhöfen und urigen Kotten, die die Besitzer mit viel Geschick und Fantasie in hübsche kleine Landhäuser verwandelt haben. Viele Anwesen verfügen über malerische Gärten, im Niederländischen „Tuin“ genannt, in die man im Vorbeifahren zumindest einen kurzen Blick werfen kann.

Wundern Sie sich nicht, wenn Sie am Wegesrand Bänke, Tische und Stühle sehen, die zu einer spontanen Rast einladen. Die Menschen im Achterhoek sind sehr gastfreundlich und bieten neben einer Sitzgelegenheit manchmal auch Wasser, Kaffee, Tee und sogar Kuchen im Freien an. Die Radfahrer bedienen sich selbst und werfen das Entgelt in eine bereitgestellte Büchse. Dieses Verfahren, das ausschließlich auf Vertrauen basiert, hat sich seit vielen Jahren bewährt. Welch schöner Gegenentwurf zu einem Alltag, in dem oft

Tour 1

2:44 Std. | 39,9 km | 110 Meter

Start/Ziel: Heimathaus Burlo, Vennweg 10, 46325 Borken-Burlo

Anreise mit ÖPNV: ab Bahnhof Borken mit dem Fietsenbus R76/R77 bis Weseke, von dort aus 6 Kilometer bis Burlo

Wegbeschaffenheit: größtenteils asphaltierte, gepflasterte und geschotterte Wege, zuweilen auch über befestigten Sand und feinen Kies

Misstrauen und Zweifel regieren! Im Achterhoek ist das anders. „Die Wahrscheinlichkeit, dass du deinen Fahrradschlüssel verlierst, ist um ein Vielfaches größer als die, dass dein Rad gestohlen wird", heißt es. Also: Entspannen Sie sich und lassen Sie sich treiben. Planen Sie nicht zu viel für den Tag, denn Sie werden unterwegs die Zeit vergessen und länger innehalten, träumen und staunen als Sie zuvor vermuten. Und da so gut wie alle Bewohner dieser grenznahen Region auch Deutsch sprechen, ergibt sich wahrscheinlich sogar die ein oder andere interessante Unterhaltung.

Wegbeschreibung: Starten Sie auf dem Vennweg Richtung Westen und biegen Sie nach 170 Metern auf Vennebülten ab. Rechts von Ihnen liegt das Kloster Mariengarden.

Am Weg

Kloster Mariengarden

Die Geschichte von Burlo ist eng verbunden mit dem Kloster Mariengarden und seiner Gründung im Jahre 1220 durch Pater Sifrid, der in der Abgeschiedenheit der Moorlandschaft die Kapelle St. Marien gründete. Sie wurde zur Keimzelle des Klosters Mariengarden.

Seit 100 Jahren betreibt der katholische Orden der Oblaten-Missionare das Kloster, unter anderem mit einem Gymnasium für 800 Schülerinnen und Schüler, das in der Region einen sehr guten Ruf hat. Da die Ordensgemeinschaft nur noch wenige Mönche zählt, ist die Stadt Borken inzwischen Eigentümer einiger Liegenschaften, wie zum Beispiel des „Forums Mariengarden", einem modernen Veranstaltungssaal, in dem ein vielfältiges gesellschaftliches und kulturelles Programm geboten wird. In der sehenswerten Kirche aus dem 15. Jahrhundert werden jeden Tag Gottesdienste abgehalten. Dazu laden die Mönche herzlich ein.

Die gotische Klosterkirche dient dem Borkener Ortsteil Burlo und der Bauernschaft Borkenwirthe als katholische Pfarrkirche.

Sie fahren nun direkt auf die Landstraße zu, die von Oeding nach Winterswijk führt, biegen aber unmittelbar davor in einem spitzen Winkel nach links ab. Der sehr schmale Weg führt durch einen schönen Wald, der insbesondere an warmen Sommertagen angenehme Abkühlung verspricht. Nach einem Kilometer lassen Sie die enge Wegstrecke hinter sich und biegen rechts in den Burloseweg ab. Nun befinden Sie sich genau auf der Grenze zwischen Deutschland und den Niederlanden. Wenn Sie zu den Glücklichen gehören, die einen Tag erwischt haben, an dem der Garten Leuvenink in Oeding für jedermann geöffnet ist oder Sie nach telefonischer Anmeldung einen Besuch vereinbart haben, nehmen Sie diesen Weg: Sie verlassen den Burloseweg, um rechts in den Blankersweg abzubiegen, der bald in den Grenzweg übergeht. Sie erreichen die deutsche Ortschaft Oeding, biegen auf der Winterswijker Straße rechts ab, anschließend links in die Straße Im Esch und schließlich links in den Böwingkamp. Der Garten des niederländischen Paares liegt zwar auf deutschem Boden, aber nur einen Steinwurf von der Landesgrenze entfernt. Das „openTuin"-Schild zeigt Ihnen, dass Sie richtig sind.

Der Naturteich im Garten Leuvenink wird von Fischen und Fröschen bevölkert.

Garten Leuvenink

Das Gartenreich von Gertie und Ada Leuvenink ist geprägt von der niederländischen Gartenkultur und Gartenkunst. Eine Vielfalt an verschiedenen Stauden erstreckt sich über das 750 Quadratmeter große grüne Paradies. Fast zu jeder Jahreszeit blüht hier etwas Interessantes. Der natürlich gehaltene Teich integriert sich reizvoll in die Gartenlandschaft. Kräutergarten und Gemüsegarten runden das Gartenbild ab. Mehrere einladende Sitzecken stehen den Besuchern zum Verweilen und Träumen zur Verfügung. Es wird ein geringes Eintrittsgeld erhoben, das die Gartenbesitzer für einen guten Zweck spenden.

Garten Leuvenink, Im Böwingkamp 71, 46354 Oeding,
Tel. 02862/417681

Um nun weiter zum Landschaftsgarten Rosenhaege zu gelangen, radeln Sie zurück auf die Winterswijker Straße, überqueren die Grenze zu den Niederlanden und biegen rechts in den Vosseveldseweg ein. Bleiben Sie auf diesem Weg für 1,8 Kilometer. Fahren Sie nicht geradeaus in den Bekeringweg, sondern folgen Sie der Linkskurve, bis Sie – Achtung – ebenfalls den Bekeringsweg erreichen. Biegen Sie hier rechts ab. Nach 600 Metern erreichen Sie Ihr Etappenziel.

Wenn Sie auf den kleinen, aber lohnenden Umweg verzichten möchten, folgen Sie dem Burloseweg, wenn er nach 190 Metern nach links abzweigt. Erst wenn Sie in den kleinen Ort Kotten kommen und der Meester Meinenweg den Burloseweg kreuzt, biegen Sie rechts ab.
Bevor Sie die Landesstraße überqueren, liegt rechterhand das historische Gemeindehaus, das den Namen von Königin Wilhelmina trägt, der Urgroßmutter des heutigen Königs der Niederlande Wilhelm Alexander. Nun fahren Sie auf dem Bekeringweg nur noch geradeaus bis zu Ihrem Ziel.

Englisches Flair im Garten Rosenhaege

Einen Ort zu schaffen, der Besuchern das Gefühl gibt, als streiften sie durch südenglische Gartenlandschaften – diese Idee liegt dem beliebten Garten Rosenhaege zu Grunde. Und das ist Willi Grijsen, einer renommierten Gartenarchitektin, zweifelsohne gelungen. Mehr noch: Auf einer Fläche von 45 000 Quadratmetern hat sie ein bemerkenswertes Gartenareal mit unterschiedlichen Schaugärten geschaffen, in denen internationale Gartenkonzepte vereint sind. So gibt es die „Scottish Landart" mit zweidimensionalen Rasenflächen, den englischen „Cottagegarten", den Garten „Ode an Monet" und den Garten „à la Provence" mit großzügigen Lavendelflächen. Der englische Cottagegarten ist mit klassischen Rosen, Stauden, einjährigen Pflanzen und Ziergräsern bepflanzt. Leichtigkeit, natürliche Ausstrahlung, Farben, Licht und Wasserpartien bringen hier viel Atmosphäre. Ganz anders der moderne Garten aus geometrisch oder organisch geschnittenen Eiben, Buchsbäumen und Liguster. Wasser soll hier einfach und schlicht wirken – wie ein Spiegel im Raum. Bei langen Spaziergängen können Sie die Landschaft aus terrassenförmig angelegten Rasenflächen, einem Gräserpark, großzügigen Rosenanpflanzungen und vielem mehr erkunden. Rosenhaege hat sich über die Jahre einen Namen als Inspirationsquelle für Gartenliebhaber gemacht. In dem gemütlichen Keltischen Kaffeehaus und auf dessen Terrasse können Sie mit grandiosem Ausblick in beschaulicher Ruhe Kaffee, Kuchen und herzhafte Kleinigkeiten verzehren. Wer Nützliches für den eigenen Garten, stilvolle englische Landhausmode oder schöne Accessoires mit nach Hause nehmen möchte, kann nach Herzenslust im British Shop stöbern. Das hübsche Keltische Koffiehuis und der British Shop sind auch unabhängig vom kostenpflichtigen Gartenbesuch zugänglich.

Rosenhaege, Bekeringweg 8, 7107 AM Winterswijk-Kotten,
Tel. 0031 543/563 339, www.rosenhaege.nl

Ihr nächstes Zwischenziel ist das Weingut Hesselink, eine Besonderheit, über die vor allem Gäste aus den traditionellen deutschen Weinanbaugebieten staunen. In den Niederlanden, so heißt es scherzhaft, sind die höchsten Erhebungen die Maulwurfhügel. Und hier soll Wein wachsen? Überzeugen Sie sich selbst und biegen Sie beim Verlassen des Gartens Rosenhaege rechts auf den Bekeringweg ab. Pferdekoppeln liegen entlang der Strecke, die zum Winterswijker Ortsteil Ratum führt. Nach etwa 1,5 Kilometern biegen Sie rechts auf Raedmansweg ab, anschließend links auf Rotweg, dann wieder rechts auf Ratumsweg und schließlich links auf den Dondergoorweg, einen Sand- und Kiesweg.
Nach etwa einem Kilometer geht es links auf den Kremerweg. Rechts sehen Sie das „Lutje Kossink", ein Areal mit Ferienwohnungen und Naturcamping. Der Weg endet mit einer T-Kreuzung, links liegt Ihr Ziel, der „Wijngaard Hesselink", aber 350 Meter nach rechts wartet noch eine andere Versuchung: erstklassiges Sahneeis aus frischer Milch von hofeigenen Kühen.

Tipp

Clara Bella Ijs

Vor dem schönen Bauernhof nehmen Sie auf der rustikalen, mit einem Sonnensegel überspannten Terrasse Platz und wählen aus 20 Geschmacksrichtungen Ihr Lieblingseis. Sonntags werden auch Eisbecher mit Früchten serviert. Der kleine Hofladen bietet zudem frische Eier, Marmeladen, erntefrisches Gemüse und saisonale Blumen an. Während Sie Ihr Eis verzehren, schauen Ihnen die Milchkühe von der unmittelbar angrenzenden Weide aus beinahe über die Schulter. Hier ist die Lieferkette vom Erzeuger zum Konsumenten wirklich sehr kurz!

Clara Bella Ijs, Vredenseweg 176, 7105 CC Winterswijk-Huppel, www.boerderijtewinkel.nl

Rosenhaege (gesprochen Rosenhage) hat parkähnlichen Charakter und bietet viele Ruhezonen.

Auch Wildblumenwiesen gehören zum Konzept der weitläufigen Anlage Rosenhaege.

Wijngaard Hesselink

Achterhoeker Wein? Kann das sein? Vor gut 15 Jahren wagte Gerhard Ensing einen ungewöhnlichen Schritt und gründete das Weingut Hesselink. Zuvor hatte er zahlreiche Kurse belegt und praktische Erfahrungen in Deutschland gesammelt. Trotzdem war es eine große Herausforderung, Weinbauer zu werden. Heute kann Gerhard Ensing von sich sagen, dass er es geschafft hat. Auf ungefähr 4 Hektar baut er Rebsorten wie Regent, Pinotin, Solaris, Salome, Johanniter, Frühburgunder und Riesling an. Der kalkhaltige Boden mit mehr als 30 Millionen Jahre alten Kreideschichten verleiht den Trauben ihren besonderen Geschmack. Einige Weine wurden bereits mit Goldmedaillen prämiert.

Das Weingut ist ein beliebter Ort für Genießer. Die rustikale Scheune und die Außenflächen, dekoriert mit alten Holzfässern, Palmen und Olivenbäumen, bieten reichlich Platz für Gäste und stets einen herrlichen Blick auf die Weinstöcke. In mediterraner Atmosphäre werden nicht nur erlesene Weine serviert, sondern auch Bier, Traubensaft, Kaffee und Kuchen sowie herzhafte Speisen. In den Sommermonaten lädt das Weingut jeden Donnerstag zur Führung mit Weinprobe ein.

Weingut Hesselink, Vredenseweg 168, 7113 AE Winterswijk-Henxel, Tel. 0031 641/370287, www.weinguthesselink.de

Nach dem Besuch des Weingutes Hesselink setzen Sie Ihre Tour nach links auf Vredenseweg fort, radeln am Golf & Country Club Winterswijk vorbei und biegen mehrfach ab: rechts auf den Schaapsweg, dann links auf den Henxelweg, rechts wieder auf den Vredensweg und links auf Bataafseweg. Linkerhand sehen Sie die Bataafse Windmühle. Die Getreidemühle zählt zu den schönsten in der Region. Sie wurde von der evangelischen Kirche errichtet und im Jahr 1801 in Betrieb genommen, um aus dem Ertrag die Gehälter der Pastoren zu bezahlen. Im Laufe der Zeit wechselte sie den Eigentümer, bevor sie 1958 stillgelegt wurde.

Am Weg liegt die Bataafse Mühle.

Folgen Sie dem Bataafseweg, bis Sie links auf den Steengroeveweg und anschließend rechts auf den Horstweg abbiegen können. Sie passieren den Winterswijker Orsteil Vosseveld. Es geht weiter über einen Sandweg Richtung Süden. Biegen Sie nach etwa 1,5 Kilometern rechts auf Stemerdinkweg und anschließend links auf Kottenseweg ab. Nach 50 Metern überqueren Sie die Straße und fahren nach rechts in den Burloseweg.

Auf mehr als 30 Millionen Jahre alten Kreideschichten wachsen die Trauben auf dem Weingut Hesselink. Das verleiht ihnen einen besonderen Geschmack.

Wijngaard Hesselink
Terras met koffie, thee, appelgebak, frisdrank, ijs
bier en wijn. 18 verschillende eigen wijnen.
Wit-, rood-, rosé-, portwijn en dessertwijn. 10.30-18.00 uur.

Abstecher

Natur trifft Kreativität: Nehmen Sie doch mal Platz!

Nun nehmen Sie einen kleinen Umweg von wenigen Minuten in Kauf, weil Sie auf diese Weise einen besonderen Eindruck von der Kreativität und der Lebensfreude der Achterhoeker gewinnen, die mit ihrer Liebe zur Natur in ihrer Heimat einhergeht: Fahren Sie bitte rechts auf Sieverdinkweg und dann wieder rechts auf Bothoekweg.
Sie entdecken vor einer halbrund geschnittenen Efeuhecke zwei Stühle in auffälligem Gelb und leuchtendem Blau, die in einen Baumstamm eingelassen sind. Gleich daneben hängt an der Außenwand einer alten Scheune ein großes Bild von einem Baum. Es setzt sich aus unzähligen kleinen Fotos zusammen, auf denen Menschen auf eben diesen Stühlen zu sehen sind. Nun wird der Sinn dieser ungewöhnlichen Sitzmöbel deutlich: Auf der gegenüberliegenden Wiese wächst eine mächtige Stieleiche. Sie ist mit ihren rund 250 Jahren der älteste Baum in Winterswijk. Die Stühle sorgen dafür, dass die Menschen nicht achtlos an diesem Naturdenkmal vorbeiradeln, sondern absteigen, Platz nehmen und den Blick auf den besonderen Baum genießen. So wird ihm die Wertschätzung und die Aufmerksamkeit zuteil, die er verdient.

Für dieses liebevolle künstlerische Arrangement hat sich der kleine Schlenker gelohnt, oder?
Folgen Sie nun dem Bothoekweg bis Sie links auf de Slingeweg abbiegen können und das Landgoed de Zonnebloem, einen Pflückgarten mit Weidecafé und einer Kleinkunstbühne erreichen.

Ein kleines Paradies: Pluktuin de Zonnebloem

Das Landgut „De Zonnebloem", also „Die Sonnenblume", ist ein waldreiches Anwesen mit jahrhundertealten Bäumen. Der Bach de Slinge macht hier seinem Namen alle Ehre und schlängelt sich durch das Gelände. Sattgrüne Weiden, alte Streuobstwiesen, verwunschene Spazierwege und kleine Niedermoore machen den Ort überaus attraktiv, und so lag es auf der Hand, dass die Besitzer Ferienwohnungen eingerichtetet und einen Naturcampingplatz angelegt haben.
Aber nicht nur für Übernachtungsgäste, sondern auch für Tagestouristen ist ein Besuch auf dem Landgut ein Erlebnis für alle Sinne, denn die Hausherrin Mercedes Goud hat einen Pluktuin, einen Pflückgarten, angelegt und ihm den Namen „Kleines Paradies" gegeben. In den Niederlanden gibt es Dutzende solcher Pflückgärten, in denen Besucher ihren eigenen Blumenstrauß zusammenstellen können. Es sind wahre Blütenparadiese mit hoher Aufenthaltsqualität und deshalb nicht vergleichbar mit den in Deutschland bekannten Feldern, auf denen „Blumen zum Selberschneiden" angeboten werden, nicht nur, weil im Pluktuin neben Blumen auch hübsche Vasen und dekorative Kleinigkeiten verkauft werden, sondern insbesondere, weil es sich um aufwändig gestaltete Flächen handelt, die sich als Garten und nicht als Acker verstehen.
Auf dem Landgut „De Zonnebloem" blühen etwa 70 Blumensorten in ungefähr 150 Variationen. Hier wird das Blumenpflücken zum

Der Aufenthalt im Pflückgarten De Zonnebloem ist ein Urlaub für die Seele. Blumenfreude werden viele von der Eigentümerin selbst gezogene Raritäten und alte Sorten entdecken.

Erlebnis. Das Saatgut zieht Mercedes Goud selbst. Zwischen den Blühstreifen schlendern die Besucher auf gemähten Graswegen und tauchen so in ein Meer aus Farben ein. Wer mag, nimmt im Weidecafé unter freiem Himmel Platz und genießt von dort den Blick. Neben Kaffee und Kuchen, Softdrinks und Eis gibt es ein besonderes Angebot: Die Gäste können die Kräuter für ihren Tee im Garten selbst pflücken und ihre eigene Mischung aufbrühen lassen.
Der an den Blumengarten grenzende Gemüsegarten dient eigentlich der Versorgung der Familie Goud mit Grünzeug aller Art. Weil er aber stets sehr reiche Ernte abwirft, werden die Überschüsse zum Kauf angeboten: frisch und garantiert bio!
Planen Sie vorsichtshalber ein bisschen mehr Zeit ein, wenn Sie De Zonnebloem an einem Sonntag besuchen. Auf einer von hohen Bäumen gesäumten Wiese ist neben dem Pflückgarten eine Kleinkunstbühne entstanden, auf der sonntags ab 14 Uhr Livemusik gespielt wird. Die Bandbreite reicht von Singer-Songwritern über Folk- und Coverbands bis zu Jazz. Alle Künstler spielen unentgeltlich, hoffen aber auf eine freiwillige Gabe der Zuschauer.

Landgoed De Zonnebloem, De Slingeweg 14, 7115 AG Winterswijk-Brinkheurne, Tel. 0031 06/47767691, www.landgoed-dezonnebloem.com

Mit vielen schönen Eindrücken treten Sie den Rückweg an, aber Sie fahren nicht auf der kürzesten, sondern auf einer besonders schönen, sehr abwechslungsreichen Strecke Richtung Burlo, vorbei an Kühen und Schafherden. Je nach Jahreszeit können Sie Wiesenvögel wie Kiebitze, Brachvögel, Rebhühner und Fasane beobachten, vor allem im Sommer auch Bussarde, die hoch oben am Himmel ihre Kreise ziehen.

Bleiben Sie zunächst auf dem De Slingeweg bis zu Oude Bocholtsebaan, einem besonders idyllischen Radweg, der durch einen nachhaltig bewirtschafteten Wald führt. Dort biegen Sie links ab. Sie überqueren den Hijinkhoekweg und dann den Holthuisweg, fahren nach 250 Metern rechts auf den Harkelsweg ab und folgen ihm bis zum Wooldseweg, wo Sie wiederum rechts abbiegen.

Nach 100 Metern erreichen Sie „Berenschot's Watermolen", ein nationales Denkmal der Niederlande. Die historische Wassermühle aus dem Jahr 1652 ist nach einer umfassenden Restaurierung in den 1980er Jahren wieder voll betriebsfähig und klappert, wie in einem bekannten Kinderlied beschrieben, am rauschenden Bach. Das wuchtige Mühlrad bewegt sich mit der Kraft der Schlinge, die an dieser Stelle gestaut ist. Die Schlinge, niederländisch Slinge, ist ein Nebenfluss der Issel, der aus dem Kreis Borken in den Achterhoek fließt. Aufgrund seines geringen Gefälles bildet der Fluss viele Windungen und Kehren, die ihm seinen Namen verliehen. Ein Rundgang über das Gelände und ein Blick in die einzelnen historischen Gebäude auf dem Mühlenhof lohnt sich, denn vieles ist noch genauso wie anno dazumal.

Idylle pur: Berenschot´s Watermolen

Heute betreibt die Inhaberfamilie in den alten Mauern ein Selbstbedienungscafé und Restaurant. Die Gäste können auf der Terrasse mit Blick auf die Slinge Platz nehmen oder sich im Gebäude einen Tisch inmitten der Zahnräder aussuchen.

Am Weg

Naturschutzgebiet Beekendelle

Das benachbarte Naturschutzgebiet Beekendelle lädt mit einem teils schon 200 Jahre alten Wald und mit seinem mäandernden Bach zu einem Spaziergang ein. Auf dem Weg durch diesen Sumpfwald begleitet Sie das Plätschern der Slinge auf Schritt und Tritt! Im Sommer wachsen in dem feuchten Klima sogar wilde Orchideen.

Vom Parkplatz der Wassermühle kehren Sie nach rechts auf den Wooldseweg zurück, biegen nach 700 Metern rechts in den Brinkeweg ein und radeln dann geradeaus auf dem Sandweg weiter, der durch das Naturschutzgebiet führt. Biegen Sie rechts auf den Hellekampsweg ab, dann links auf den Kreilweg. Hier geht der Sandweg in einen asphaltierten Wirtschaftsweg über. Überqueren Sie die Straße und fahren Sie rechts auf dem Wooldsweg bis zu einer Gabelung, die Sie an einem dicken Findling zwischen den Fahrbahnen erkennen. Sie fahren weiter geradeaus auf den Holdersweg. Folgen Sie dem Holdersweg für etwa 2 Kilometer. Nun kommen Sie an eine Kreuzung, an der sich eine Gedenkstätte für die Opfer des Zweiten Weltkriegs befindet.

Hier gilt es eine Wahl zu treffen, denn Sie haben zwei Möglichkeiten, um Ihre Tour fortzusetzen:
Sie können geradeaus weiterfahren, zunächst links auf den Brandenweg und dann rechts auf den Kulverweg abbiegen, um die Käserei Harmienehoeve und das gleichnamige Hofrestaurant anzusteuern.

Von dort setzen Sie die Fahrt auf dem Kulverweg fort und biegen rechts auf den Grensweg ein, dem Sie bis zur „Groene Gens“, der Grünen Grenze folgen.

Tipp

Käserei und Hofcafé Harmienehoeve

Apfelkuchen oder Pfannkuchen? Das ist hier die alles entscheidende Frage! Wer sich für Pfannkuchen entscheidet, hat die Wahl zwischen 35 Variationen von süß bis herzhaft, die nach altem Rezept traditionell in Pfannen aus Stahl zubereitet werden. Wo früher einmal Kühe standen, ist jetzt das Restaurant im Achterhoeker Stil eingerichtet. Draußen im begrünten Innenhof sitzen die Gäste unter großen Sonnenschirmen.

Auf Harmienehoeve wird seit 1969 der beliebte Winterswijker Bauernkäse produziert und verkauft. Der Hofladen bietet neben einer großen Auswahl an Käse auch allerlei andere regionale Produkte sowie kleine Souvenirs und Geschenkartikel mit Bezug zum Landleben.

Käserei und Gasthof Harmienehoeve, Kulverweg 2–4, 7108 BB Winterswijk-Woold, Tel. 0031 543/564 208, www.harmienehoeve.nl

Wenn Sie Ihren Weg zurück zum Startpunkt ohne weiteren Zwischenstopp fortsetzen möchten, sollten Sie rechts abbiegen und den Hinweisschildern zum Landgut Roerdinkhof folgen. Erfreuen Sie sich an dem herrlichen Blick über grüne Wiesen und saftige Weiden, wo schottische Hereford-Kühe grasen. Lassen Sie das Landgut rechts

Das top ausgebaute Radwegenetz und eine vorbildliche Beschilderung machen das Radeln zum entspannten Vergnügen.

liegen, überqueren Sie den Brandenweg und fahren Sie bis zum Grensweg, wo Sie links abbiegen und bis zur Grünen Grenze fahren.
Sie sind nun wieder in Deutschland und fahren geradeaus weiter. Nach 750 Metern biegen Sie links auf „Am Steverdings Bülten" ab. Der schmale Weg führt durch das Burlo-Vardingholter Venn.
Halten Sie sich nun leicht links auf Entenschlatt und fahren Sie vorbei an Wäldern, Wiesen und Äckern bis Voßkamps Diek. Biegen Sie hier rechts ab, um dann links auf einen Schotterweg einzubiegen. Nach 80 Metern folgen Sie dem Radweg bis zur Kreuzung Vennweg. Rechts erreichen Sie nach 100 Metern den Ausgangspunkt Ihrer Tour.

Die Feuchtwiesen am Burlo-Vardingholter Venn sind Lebensraum für Insekten, Vögel und Nutztiere.

Wenn Sie mögen, werfen Sie noch einen Blick in den hübschen Bauerngarten am Burloer Heimathaus, bevor Sie Ihren Heimweg antreten (siehe Tour 3).

Gastronomie:

Berenschot's Watermolen
Wooldseweg 74
7108 AB Winterswijk-Woold
Tel. 0031 610/838531
www.berenschots-watermolen.nl

Weingut Hesselink
Vredenseweg 168
7113 AE Winterswijk-Henxel
Tel. 0031 641/370287
www.weinguthesselink.de

Käserei und Gasthof Harmienehoeve
Kulverweg 2–4
7108 BB Winterswijk-Woold
Tel 0031 543/564208
www.harmienehoeve.nl

Tour 1

- Startpunkt
- Zielpunkt
- Garten
- Gastronomie
- Sehenswürdigkeit
- Fotospot
- Naturerlebnis

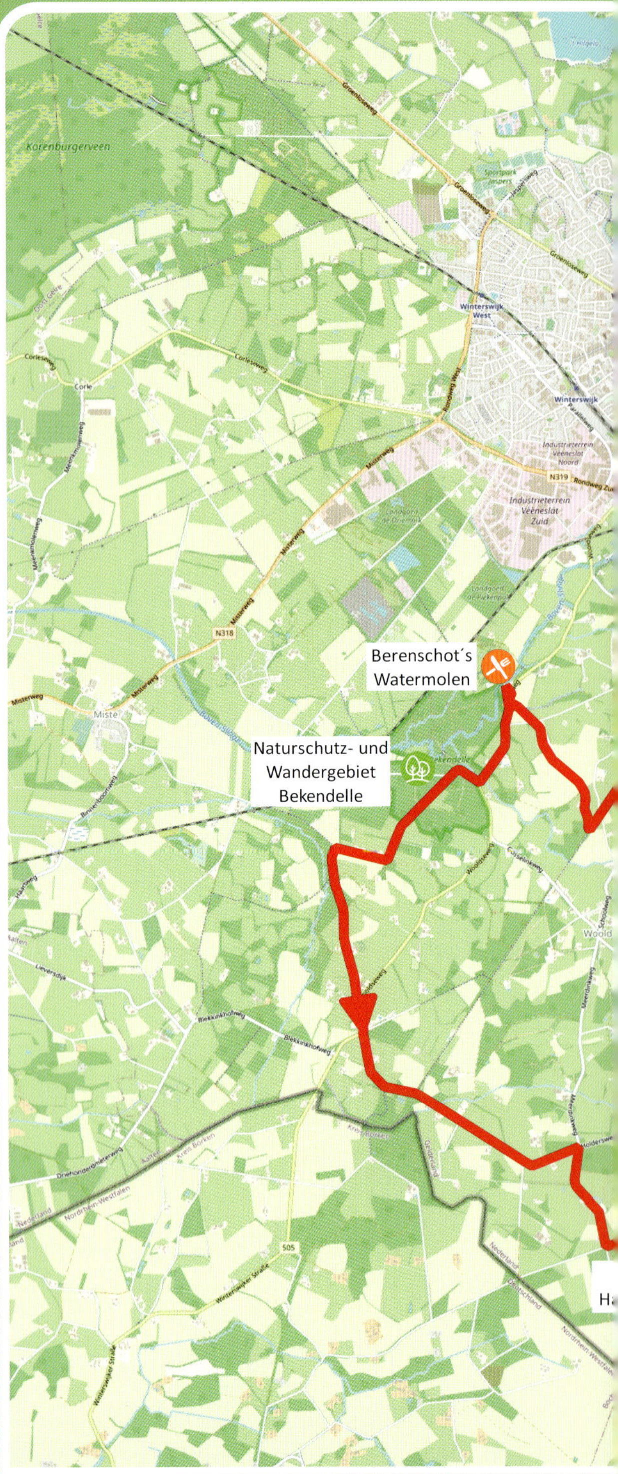

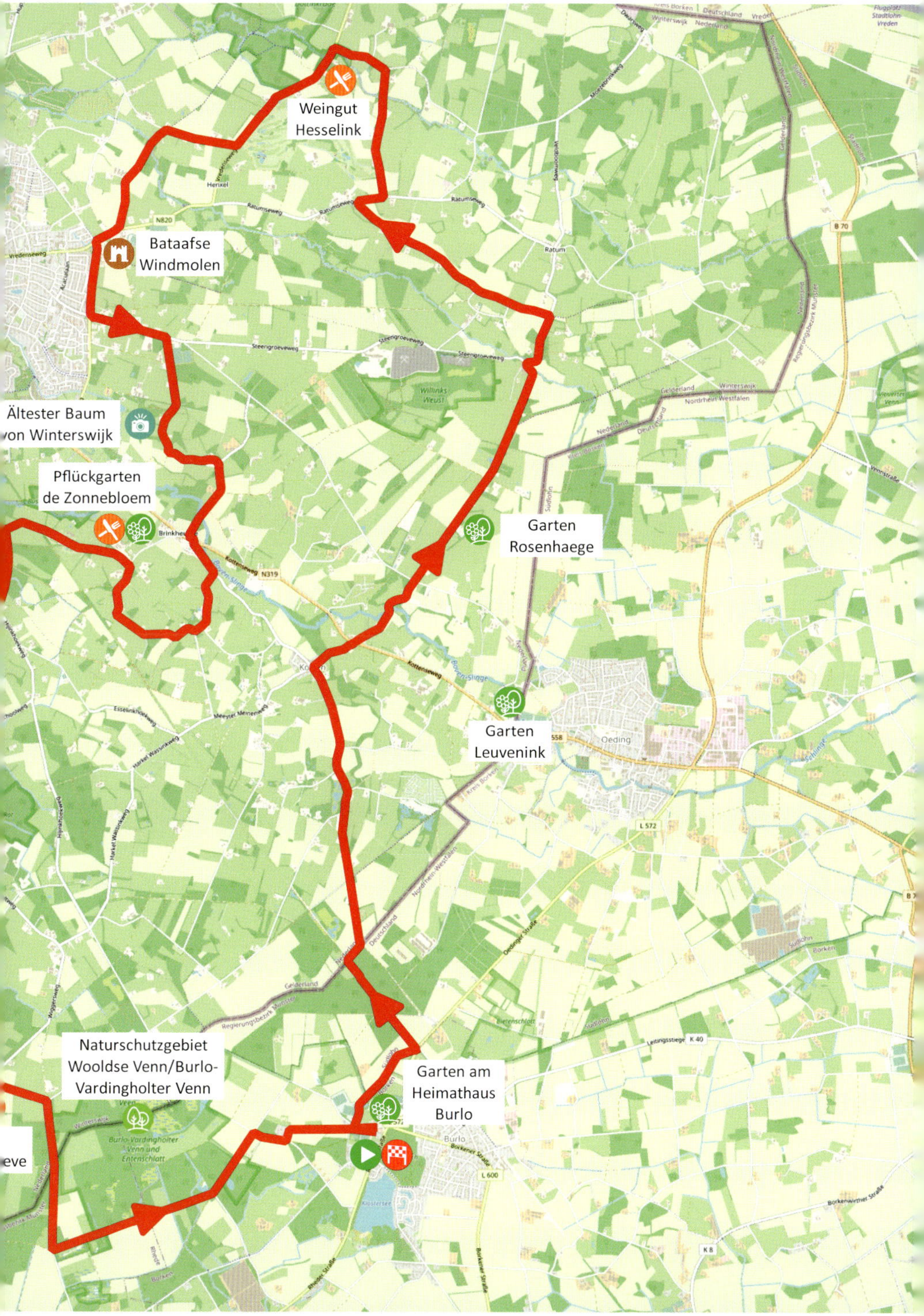

Weingut Hesselink
Bataafse Windmolen
Ältester Baum von Winterswijk
Pflückgarten de Zonnebloem
Garten Rosenhaege
Garten Leuvenink
Naturschutzgebiet Wooldse Venn/Burlo-Vardingholter Venn
Garten am Heimathaus Burlo
eve
Oeding
Burlo

Geteiltes Glück

Privatgärten in Velen öffnen ihre Tore

Diese Tour führt durch die schöne Parklandschaft des Westmünsterlandes zu drei sehr sehenswerten Privatgärten, die an mehreren Sonntagen im Sommer für Besucher geöffnet sind. Für Gruppen gelten Sonderöffnungszeiten nach vorheriger Anmeldung. Die Besitzer sind wahre Gartenliebhaber und verbringen nahezu ihre gesamte Freizeit in ihren grünen Wohnzimmern. Neue Ideen für die Gestaltung und die Dekoration holen sie sich gern in den benachbarten Niederlanden. Und weil sie ihre Begeisterung gerne mit anderen Menschen teilen und den Besuchern mehr als nur ein Gartenerlebnis ermöglichen möchten, stimmen sie die Tage der offenen Gärten miteinander ab.

Sie umrunden die Gemeinden Velen und Ramsdorf, die seit einem Zusammenschluss im Jahr 2012 die Stadt Velen bilden. Hier lernen Sie einen Landstrich kennen, der durch die konventionelle Landwirtschaft geprägt ist: Mastställe und Maisanbau im großen Stil bestimmen häufig das Bild. Doch inzwischen sieht man wieder vermehrt im Freiland weidende Rinder, Schweine, die quietschvergnügt draußen im Dreck spielen sowie glückliche, freilaufende Hühner. Manche Landwirte legen am Wegesrand üppige Blühstreifen an, ein Schlaraffenland für Insekten und eine Augenweide für Radfahrer und Spaziergänger.

Tour 2

1:23 Std. | 24,7 km | 70 Meter

Start/Ziel: Alte Molkerei, Harkingsbrügge 1, 46342 Velen-Ramsdorf

Anreise mit ÖPNV: Fietsenbus ab Bahnhof Borken oder Bahnhof Coesfeld

Wegbeschaffenheit: durchgehend asphaltierte Landwirtschaftswege und gut ausgebaute Radwege

Wegbeschreibung: Starten Sie Ihre Route an der Alten Molkerei in Velen-Ramsdorf. Nehmen Sie den Radweg entlang der Holthausener Straße und biegen Sie nach einem Kilometer am Kreisverkehr rechts und danach sofort links in den Dorenfeldweg ab. Jetzt sind Sie auf typischen Münsterländer Pättkes unterwegs, also auf schmalen, aber sehr gut ausgebauten Wirtschaftswegen. An der nächsten Gabelung biegen Sie rechts ab. Folgen Sie dem Weg für ungefähr zwei Kilometer, überqueren Sie Barriers Pättken und biegen Sie rechts in die Kettlerstegge ein. Hier erreichen Sie inmitten der Bauernschaft Ihr erstes Ziel.

Blühendes Paradies im Landhausgarten Borggreve-Sommer

Wenn Sie den Garten durch das urige Holztor links vom Haus betreten, läutet eine kleine rostige Glocke und signalisiert den Besitzern Marc Sommer und Christian Borggreve, dass Besucher

gekommen sind. Wo früher ein Acker war, haben die beiden Velener ein blühendes Paradies geschaffen: Bäume und Hecken geben dem Ganzen eine Struktur. Der Gemüsegarten mit akkurat eingefassten Beeten verspricht stets reiche Ernte. Wer im Schatten unter hohen Bäumen Platz nimmt, staunt, wie gepflegt und vielseitig der Nutzgarten ist. Durch seine geometrischen Formen und die schnurgeraden, sattgrünen Rasenwege strahlt er wohltuende Ruhe und sympathische Bodenständigkeit aus. Eine Hecke mit einem Guckloch, durch das der Blick auf ein Storchennest gelenkt wird, ist nur eines von vielen liebevollen Details, ein alter Ziehbrunnen ein weiteres. Jenseits der Hecke beginnt der Blumengarten, überwältigend in seiner Vielfalt und doch geordnet. Rosen und vor allen Dingen farblich aufeinander abgestimmte Stauden dominieren. Marc Sommer stellt Farben, Formen und Wuchshöhe so gekonnt zusammen, dass seine Arrangements eine Vorlage für Vincent van Goghs Gartengemälde sein könnten.
Marc Sommer hat nicht nur ein Händchen für Pflanzen, sondern beweist auch viel handwerkliches Geschick. Mehrere Lauben, Hütten und Schuppen aus alten Ziegeln, Balken, Dielen, Zaunelementen und Dachpfannen, die schon viele Jahrzehnte auf dem Buckel haben, hat er gebaut – um Gartengeräte unterzubringen, den Bienen ein Zuhause zu geben oder Freunden und Besuchern ein überdachtes Plätzchen anzubieten. Jede Hütte, jede Laube hat ihren eigenen Stil und ein raffiniertes Extra.
Im Garten Borggreve-Sommer bekamen die meisten Dinge schon ein zweites Leben, lange bevor Recycling und Upcycling zu Trends wurden. Aus allerlei Second Hand-Baumaterial entstand auch ein gemütliches Gartenhaus, das die beiden Männer dank eines Kaminofens sogar im Winter nutzen. Hier servieren sie an den Tagen des offenen Gartens Kaffee und Kuchen – ein fantastischer Ausblick auf einen Naturteich und die angrenzende Pferdekoppel sowie auf die Schafweide ist inklusive. Während Sie bei einem Besuch die vielen Eindrücke auf sich wirken lassen und Ihren Gedanken nachhängen, leisten Ihnen möglicherweise einige Zwerghühner Ge-

In dieser romantischen Hütte verbringen Christian Borggreve und Marc Sommer dank eines alten Ofens sogar im Winter schöne Stunden.

sellschaft, die auf dem mustergültig gepflegten Rasen emsig umherlaufen. Um die Tiere auf dem ländlichen Anwesen kümmert sich Christian Borggreve als gelernter Zootierpfleger. Alles passt perfekt zusammen. Eine Idylle wie aus einem Bilderbuch.

Landhausgarten Borggreve-Sommer, Kettlerstegge 36, 46342 Velen, Tel. 02863/380071, www.landhausgarten-borggreve-sommer.de

Folgen Sie der Kettlerstegge nun bis zur Nordvelener Straße und dieser auf dem Radweg bis zum Kreisverkehr. Biegen Sie rechts ab. Am nächsten Kreisverkehr nehmen Sie die dritte Ausfahrt Richtung Ortsmitte. Rechterhand passieren Sie das Wasserschloss Velen, das seit einigen Jahren verpachtet und daher für die Öffentlichkeit nicht mehr zugänglich ist. Ein Blick auf den Schlosshof, die Gräfte und den Haupteingang können Sie aber erhaschen, wenn Sie vor der Kirche rechts einbiegen.

Am Weg

Schloss Velen

Die Vergangenheit der Stadt Velen ist untrennbar mit der Geschichte der gräflichen Familie von Landsberg-Velen verbunden. Die Ursprünge des Wasserschlosses gehen auf das 14. Jahrhundert zurück. Nach den Plänen von Johann Conrad Schlaun, einem der bedeutendsten Architekten des deutschen Barocks, wurde 1744/1745 der Südflügel neu errichtet. Anna Theresia von Velen brachte Schloss und Herrschaft Mitte des 18. Jahrhunderts in die Ehe mit Clemens August von Landsberg zu Erwitte ein. Seither sind die Freiherren und späteren Grafen von Landsberg-Velen die Eigentümer. Mehr als 20 Jahre lang war das herrschaftliche Gebäude mit seinen eleganten Sälen und vornehmen Zimmern ein beliebtes Hotel. Heute finden dort ausschließlich Firmenveranstaltungen und Seminare statt.

Der Wohngarten Sander bietet ruhige Plätze zur Entspannung und Entschleunigung.

Setzen Sie den Weg fort, biegen Sie am Volbertskamp links ab und fahren anschließend rechts auf den Pastorskamp, der in die Industriestraße übergeht. Am Alten Torfweg wenden Sie sich nach links und radeln auf ein Autohaus zu. Rechts davon liegt in einer Sackgasse der Garten Sander.

Wohngarten Sander

Sie betreten eine Oase mitten in einem Gewerbegebiet. Der Garten erstreckt sich rund um das ungewöhnliche Holzhaus, in dem Petra Sander mit ihrer Familie zu Hause ist. Wege aus Flusskieseln und mehrere Rundbögen aus Hainbuchen und Buchsbaum weisen die Richtung zum hinteren Teil des Grundstücks, den die leidenschaftliche Hobbygärtnerin so angelegt hat, „dass es den Augen und den Bienen gefällt“. Dabei hat sie stets großen Wert darauf gelegt, dass der Wohngarten ein Wohlfühlort für die ganze Familie ist. Deshalb standen früher, als die Kinder noch klein waren, Schaukel und Sandkasten dort, wo heute aus beschaulichen Sitzecken der Blick auf Stauden, Gräser, Bäume und blühende Sträucher fällt. Natursteinmauern und Wege geben dem Garten Struktur und Tiefe. „Ich freue mich, wenn unsere Kinder den Garten jetzt nutzen, um mit Freunden zu chillen oder

wenn wir am Wochenende gemeinsam draußen essen“, erzählt Petra Sander. Apropos Wochenende: Die Lage inmitten von Gewerbebetrieben hat einen großen Vorteil: Samstags und sonntags herrscht eine geradezu meditative Ruhe. Außer Vogelgezwitscher hört man – nichts.

Wohngarten Sander, Alter Torfweg 9, 46342 Velen, Tel. 02863/761862, www.wohngarten-sander.de

Sollte sich nach vielen schönen Eindrücken nun langsam Ihr Magen melden, können Sie sich auf fangfrischen Fisch vom Grill oder aus der Pfanne freuen. Das Angelparadies Hochmoor erreichen Sie in weniger als 10 Minuten Fahrzeit. Nehmen Sie den Weg zurück auf die Industriestraße, biegen Sie rechts ab in den Dieks Wall und fahren Sie bis zur Hochmoorstraße. Hier biegen Sie wieder rechts ab. Die nächste Möglichkeit links abzubiegen führt Sie auf den Klyer Damm, dem Sie bis zur ausgeschilderten Abzweigung zu den Angelteichen folgen.

Tipp

Angelparadies Hochmoor

Der Name hält, was er verspricht: Die sechs gepflegten Angelteiche fügen sich perfekt in die Umgebung ein. Ein kleines Angelstübchen sowie eine großzügige Terrasse laden nicht nur Angler, sondern auch zahlreiche Radfahrer zum Verweilen ein. Besonders zu empfehlen sind die Fischgerichte, die in großer Auswahl angeboten werden. Aber auch Fleischfans, Vegetarier und Kuchenfreunde müssen nicht hungrig bleiben. Ein kurzer Rundgang durch die Anlage lohnt sich, denn es schließen sich ein Moorgarten und ein kleines Wildgehege an.

Angelparadies Hochmoor, Hochmoor 105, 48712 Gescher,
Tel. 02863/380402, www.angelparadies-hochmoor.de

Zurück geht es über den Klyer Damm. Dann folgen Sie dem Dieks Wall bis zur Vennestraße. Hier halten Sie sich rechts. Bleiben Sie auf dieser Straße, die in die Schulstraße übergeht. Nachdem Sie den Volbertskamp überquert haben, fahren Sie weiter geradeaus durch die Klostergasse in die Straße Am Tiergarten. Links erstreckt sich das Waldgelände, zur rechten liegt das Schloss. Wählen Sie die Achse, die vom Schloss schnurgerade in den Tiergarten führt und biegen Sie links ab. Sie befinden sich auf der Langen Kieke.

Am Weg

Historischer Tiergarten Velen

Der Tiergarten ist ein Anziehungspunkt für Spaziergänger, Radfahrer und Naturliebhaber. Neben der Pflanzenwelt und den Wasserläufen beeindruckt vor allem auch die barocke Geschichte, die sich bis heute in den Strukturen der Parkanlage widerspiegelt. Genauso wie bei seinem bekanntesten Vorbild, dem Großen Tiergarten in Berlin, handelt es sich beim Historischen Tiergarten in Velen um einen Landschaftsgarten, der der Jagd diente. Um ihn anzulegen, musste das ursprünglich sumpfige Gebiet mittels einer sehr komplizierten Wasserführung trockengelegt werden. Dieses System leitet bis heute das Wasser vom Schwarzen Vennebach, einem Nebengewässer der Bocholter Aa, in die Schlossgräfte. 1755 gab der damalige Freiherr von Velen bei dem bekannten westfälischen Baumeister Johann Conrad Schlaun die Planung der Fasanerie in Auftrag. Der einstöckige Backsteinbau diente der Aufzucht und Haltung jagdbarer Vögel. Zu Beginn des 19. Jahrhunderts veränderte der Gartenkünstler Maximilian Friedrich Weyhe im Tiergarten den Verlauf einiger Wege und Bäche, das Forsthaus gegenüber der Fasanerie wurde erweitert. Beide Gebäude liegen an der Hauptachse, der „Langen Kieke", die den weiten Blick durch den Wald und den Schlosspark bis zum Schloss freigibt. Die Fasanerie wird heute als Standesamt und als äußerst urige Veranstaltungslocation gastronomisch genutzt. Im Forsthaus ist eine außergewöhnlich gestaltete Ferienwohnung zu mieten.

Sie radeln geradeaus und passieren den Mittelpunkt eines sternförmigen Netzes aus Schneisen, das den Jägern früher zur Sichtorientierung und als Reitweg diente. Am Ende des Waldstücks biegen Sie rechts ab. Werfen Sie aber zuvor einen Blick auf eine richtige Schweinerei direkt vor Ihnen: Auf zwei eingezäunten Wiesen grunzen in freier Natur die Schweine der Familie Buskasper. Diese tierfreundliche Haltungsform mit viel Bewegungsfreiheit an der frischen Luft ist relativ selten. Deshalb gibt eine liebevoll-handschriftlich gestaltete Tafel Auskunft, unter anderem über das Alter der Tiere und das Gewicht bei Geburt: „Hallo, meine Freunde und ich möchten uns bei dir vorstellen. Wir sind die wilde Ferkelbande", heißt es da. Die Schmutzfinken sauen sich beim Rennen, Spielen und Toben so richtig ein und drehen dabei die Wiese auf links. Wer dem lustigen Treiben eine Weile lang zuschauen möchte, kann auf den eigens dafür bereitgestellten Holzbänken Platz nehmen.

Sie erreichen eine schmale asphaltierte Straße, auf der ab und zu auch Autos verkehren. Halten Sie sich rechts. Bald schweift Ihr Blick über eine alte Streuobstwiese auf die Rückseite des Forsthauses. Der Bereich, auf dem heute die Obstbäume stehen, war in früheren Zeiten dem Gemüseanbau gewidmet und diente der Versorgung des Adelshauses Landsberg-Velen. Um etwa 1850 wurde aus dem Gemüsebeet eine Obstwiese. Die ältesten Bäume sind mehr als 80 Jahre alt. Der Bestand wurde in den vergangenen Jahren von der Familie Dahlke, die im Ort eine Gärtnerei betreibt, durch weitere alte Apfelsorten wie Gloster, Rote Sternrenette und Goldparmäne ergänzt. Außer Äpfeln finden sich auf hier auch Zwetschgen, Kirschen und Mirabellen. Streuobstwiesen sind ein wichtiger Beitrag zur Biodiversität: In ackerbaulich geprägten Landschaften sind sie als Rückzugs- und Lebensraum für zahlreiche Tier- und Pflanzenarten besonders schützenwert. Die Obstblüte im Frühling lockt Bienen, Hummeln und Schmetterlinge an, das Fallobst im Herbst ist im wahrsten Sinne des Wortes ein gefundenes Fressen für Käfer, Wespen und Vögel. Auch in der Dämmerung ist noch einiges los. Hier sagen sich nämlich sehr häufig Fuchs und Hase „Gute Nacht".

Gegenüber der Wiese weidet eine Herde Galloways. Das sind kräftige, widerstandsfähige Rinder, die in der freien Natur gehalten werden. Ursprünglich stammt die Rasse aus Schottland. Die dicke Haut, das lange Deckhaar und das feine, dichte Unterhaar schützen Galloways im Winter vor Wärmeverlusten. Schnee oder Raureif liegen mehrere Stunden auf ihrem Rücken, bevor sie schmelzen. Aus diesem Grund benötigen Galloways keinen Stall, sondern können das ganze Jahr im Freien gehalten werden.
Nun radeln Sie über die drei Bäche, die im Weiteren zur Bocholter Aa zusammenfließen. Zunächst überqueren Sie den Schwarzen Bach, danach den Weißen Vennbach. Am Ufer erinnert eine Informationstafel an die historische Bleiche: Bevor die Waschmaschine erfunden wurde, kamen die Frauen des Ortes an diese Stelle, um die Wäsche auszuspülen und anschließend auf der Wiese zum Trocknen auszubreiten.
Setzen Sie Ihren Weg durch den Wald fort. Sobald sich die Straße gabelt, fahren Sie nach links und biegen hinter dem Thesingbach abermals links ab. Der Radweg führt zur ehemaligen Schlossmühle.

Am Weg

Ehemalige Schlossmühle

Die Wassermühle liegt südwestlich des Schlosses Velen an der Bocholter Aa. Hier beginnt auch der gleichnamige Radweg. Wo bis zum Ende des 19. Jahrhunderts im gräflichen Auftrag Getreide gemahlen und später Strom für den Ort Velen erzeugt wurde, macht sich seit 2004 ein neuer Besitzer um die Restaurierung des historischen Gebäudes verdient.

Die Strecke von der Schlossmühle zum Garten Rave in Ramsdorf beträgt ungefähr 5 Kilometer. Folgen Sie dem Heidener Landweg für etwa einen Kilometer und halten Sie sich an der Gabelung rechts. Sie gelangen auf den Knüverdarp, der nach etwa 2,5 Kilometer in die Ostendorfer Straße übergeht. Folgen Sie der Straße für 1,5 Kilometer bis zum Finkenkamp. Biegen Sie hier rechts ab und sofort wieder rechts.

Garten Rave

„Alles Gute kommt über den Garten", sagt Hildegard Rave und meint damit neue Bekanntschaften, gute Gespräche und sogar enge Freundschaften, die im Laufe der Jahre entstanden sind, seitdem sie und ihr Mann ihr Refugium für Besucher öffnen und selbst leidenschaftlich gern andere Gärten besuchen.

In einem Wohngebiet in Ortsrandlage von Ramsdorf befindet sich der verwunschene Staudengarten mit mehr als 100 verschiedenen Sorten, darunter auch vielen Raritäten. Funkien oder Hosta, wie die dekorativen Blattschmuckstauden auch genannt werden, gibt es hier in schier unzähligen Varianten. Alle Pflanzen wachsen nach einen harmonischen Farbschema und ihren individuellen Vorlieben für Licht und Schatten. Eine auffällige Dekoration aus rostigem Eisen setzt besondere Akzente. Sie stammt aus der Werkstatt von Berthold Rave, der im Ort eine Schmiede betreibt. Herzstück des Gartens ist eine mächtige, 25 Jahre alte Trauerweide. Sie sorgt für ein Mikroklima, in dem es sich auch an heißen Tagen gut aushalten lässt. Für etwas Abkühlung und Frische sorgen auch ein Bachlauf und ein Naturteich. Wichtig sind der Gartenbesitzerin ihre drei Ginkgos. Die „Bäume des Lebens" zählen zu den ältesten Baumarten der Welt und sind die Inspiration für das Motto der fröhlichen Hobbygärtnerin: „Wir feiern das Leben".

Garten Rave,
Bargkamp 3, 46342 Velen,
Tel. 02863/6249,
ww.garten-rave.de

Großzügige Dekorationen aus Stein, altem Holz und rostigem Eisen prägen das Bild im Garten Rave.

Am Weg

Fischtreppe an der Bocholter Aa

Wo im 14. Jahrhundert eine fürstbischöfliche Wassermühle mit einer hölzernen Stauwehr errichtet und zum Mahlen von Getreide genutzt wurde, befindet sich nun eine 70 Meter lange Fischaufstiegsanlage. Die automatisierte Fischtreppe aus Edelstahl stellt die Durchgängigkeit für Fische und Kleinstlebewesen her und fungiert auch als zusätzliche Hochwasserentlastung. Mit etwas Glück können Sie hier der Bachforelle oder dem Aal beim Wandern und Aufsteigen zusehen.

Nun radeln Sie weiter Richtung Ortskern, überqueren die Borkener Straße und biegen hinter der Apotheke links ab. Hier treffen Sie erneut auf die Bocholter Aa. Nehmen Sie den idyllischen Radweg durch den kleinen Park und folgen Sie dem Fluss vorbei an Gärten und zahlreichen Obstbäumen bis zu Drönings Landcafé. Wenn Sie möchten, können Sie Ihre Tour hier bei Kuchen oder herzhaften westfälischen Speisen ausklingen lassen. Über die Seekenstegge und die Weseker Straße gelangen Sie zurück zum Startpunkt.

Am Weg

Historischer Ortskern Ramsdorf

Ramsdorf blickt auf eine lange Geschichte zurück, deren Spuren heute noch zwischen der Burg und der Pfarrkirche St. Walburga sichtbar sind. Die mittelalterliche Burg wurde 1425 auf einem großzügigen Areal errichtet, das von einer starken Ringmauer und einer Gräfte eingefasst war. Nur der Burgturm stammt noch aus dieser Zeit. Heute befinden sich in dem Gebäude ein Veranstaltungssaal und ein Museum zur regionalen Ur- und Frühgeschichte, zur Stadt- und Sozialgeschichte sowie zur Naturkunde. Rechts und links der Langen Straße stehen in den engen Gassen noch zahlreiche, einst sehr einfache eingeschossige Häuser, in denen früher Tagelöhner und Handwerker wohnten.

Die Burg Ramsdorf wurde als Stützpunkt des Fürstbistums Münster erbaut.

Ein „lebendiges Museum“ ist die alte Schmiede Beckmann.

Gastronomie:

Drönings Landcafé
Krückling 20
46342 Velen-Ramsdorf
Tel. 02863/5471

Angelparadies Hochmoor
Hochmoor 105
48712 Gescher
Tel. 02863/380402
www.angelparadies-hochmoor.de

Tour 2

Startpunkt

Zielpunkt

Garten

Gastronomie

Sehenswürdigkeit

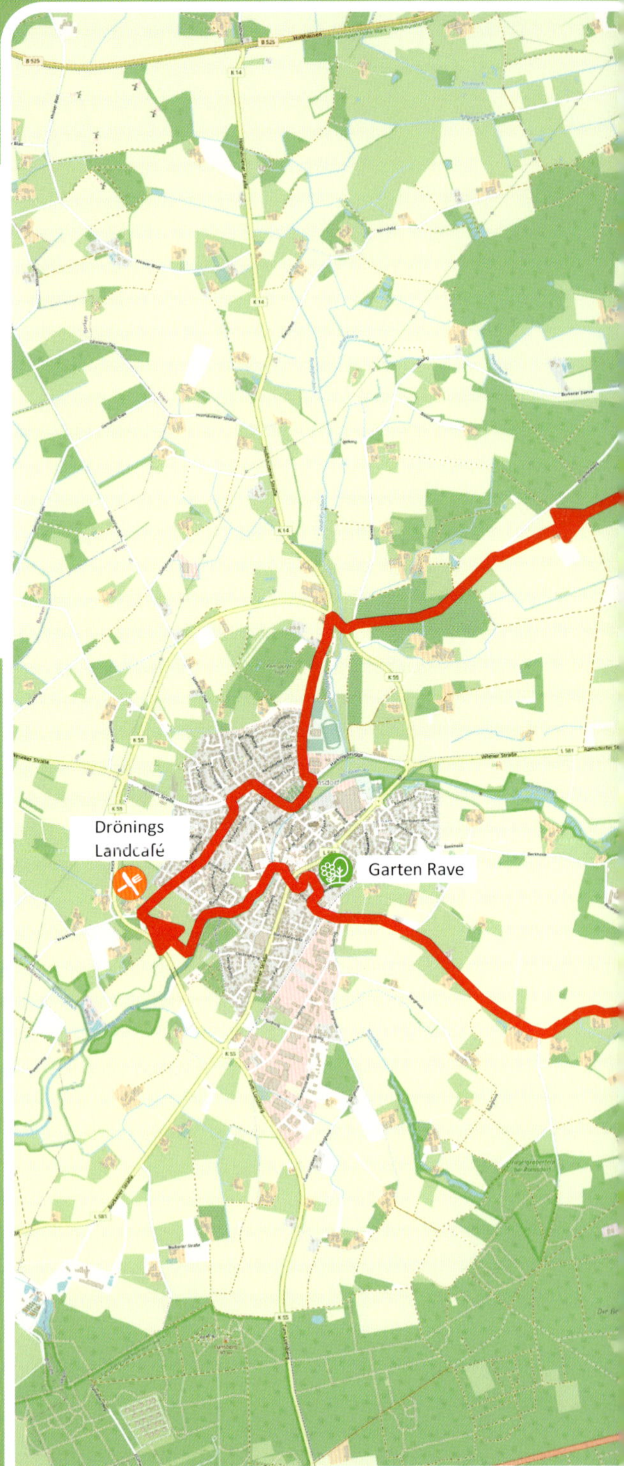

Landhausgarten Borggreve-Sommer
Angelparadies Hochmoor
Wohngarten Sander
Tiergarten Velen
Schlossmühle Velen

Traumhafte Gärten & mehr Se(e)henswertes

In die Niederlande und zum Pröbstingsee

Weseke ist ein ehemals selbstständiges Dorf, das sich auch nach der Eingemeindung in die Stadt Borken seine kulturelle Eigenständigkeit und seine Identität bewahrt hat. Für Radfahrer und Gartenfreunde hat der Ort viel zu bieten und ist deshalb ein idealer Ausgangpunkt für eine erlebnisreiche Tagestour. Sie besuchen unter anderem den beeindruckenden Schaugarten Picker und den beschaulichen Apothekergarten. Hier dreht sich alles um die Frage, wie die Natur uns helfen kann, gesund zu bleiben. Den hübschen, traditionellen Bauerngarten am Heimathaus in Burlo sehen Sie, bevor Sie einen Abstecher in den malerischen niederländischen Achterhoek machen.

Tour 3

2:16 Std.

37,3 km

110 Meter

Start/Ziel: an der Bockwindmühle, Eschwiese 1, 46325 Borken-Weseke

Anreise mit ÖPNV: Fietsenbus R76/R77 ab Bahnhof Borken oder Bahnhof Gronau

Wegbeschaffenheit: asphaltierte Landwirtschaftswege und gut ausgebaute Radwege; ein kurzer unbefestigter Weg durch ein Waldstück

Wegbeschreibung:

Beginnen Sie diesen Ausflug mit einem echten Highlight, einem Besuch im Garten Picker, der in unmittelbarer Nachbarschaft der Bockwindmühle in Weseke liegt. Der Garten lockt Natur- und Gartenfreunde weit über das Münsterland hinaus an, denn es gibt weit und breit nichts Vergleichbares: Vom Frühjahr bis in den späten Herbst blühen auf 3000 Quadratmetern ungefähr 2500 Pflanzensorten, vor allem Stauden, aber auch Hortensien, Dahlien, englische Rosen, Kletterrosen und alte Rosensorten in überwältigender Pracht.

Fantasievolle Gartenzimmer im Garten Picker

Die Besonderheit des Erlebnis-Schaugartens ist die Aufteilung in einzelne, aufwändig gestaltete und mit viel Fantasie dekorierte Gartenzimmer. Während die Sonnenzimmer häufig mit dichten, akkurat geschnittenen grünen Hecken voneinander getrennt werden, kommen im Schatten leichte Holzelemente zum Einsatz. Der Bauern- und Kräutergarten ist bunt und fröhlich, der französisch anmutende Bereich großzügig und elegant. Der Schattengarten beeindruckt mit einer 380 Sorten umfassenden Hosta-Sammlung, die sich unter Gehölz-Raritäten, an Teichen, Biotopen und Wasserläufen präsentiert. Ein Sandbeet zeigt Möglichkeiten auf, im Zeitalter des Klimawandels auf trockenheitsresistente Pflanzen umzustellen. Unterschiedliche Ebenen und ein kleiner aufgeschütteter Hügel bringen Leben und überraschende Momente in die Anlage. Über Rasenflächen, schmale Pfade, Holzstege und verschlungene Wege sowie hier und dort einige Stufen gelangen Sie von Raum zu Raum, erreichen eine verspielte Holzhütte und einen romantischen Pavillon, durchschreiten kunstvoll geschnittene Hainbuchenhecken.

Wer dachte, ein Garten kann niemals perfekt sein, da die Natur dem Gärtner immer einen Schritt voraus ist – hier ein Unkraut, dort eine welke Blüte, der wird im Garten Picker eines Besseren belehrt. Hier wird Gärtnern definitiv zur Kunst, zur Gartenkunst. Nichts stört, weder im Gesamtbild noch im Detail. Der Garten Picker ist ein außergewöhnlicher Schaugarten: Er ist nicht gemacht, um darin zu leben, aber um Menschen für ein paar Stunden in seinen Bann zu ziehen und ihnen Ideen für die heimische Gartengestaltung mit auf den Weg zu geben. Ab dem Frühjahr werden in den Beeten regelmäßig Ableger, Sämlinge und auch Stecklinge entnommen. Etwa 1500 Arten und Sorten landen im Verkauf. Die Pflanzen stehen einladend aufgebaut im Eingangsbereich und finden reißenden Absatz.

Wenn Sie den Garten Picker besuchen, sollten Sie Zeit mitbringen, denn es gibt viel zu entdecken! Sitzgelegenheiten gibt es reichlich und im Gartencafé auch Kaffee und Kuchen.

Garten Picker, Eschwiese 2, 46325 Borken,
Tel. 02862/700041, www.garten-picker.de

Eine hübsche Besonderheit im Garten Picker sind aufwändige Tischdekorationen, die je nach Jahreszeit wechseln.

Einladende Sitzplätze im Garten Picker

Wenn Sie den Garten Picker mit vielen großartigen Eindrücken verlassen haben, schwingen Sie sich aufs Rad, folgen der Eschwiese und biegen links auf den Börgersweg ab, es sei denn, Sie haben Lust auf ein leckeres Landeis. Dann biegen Sie rechts ab und legen einen Stopp auf dem Hof Börger ein, der direkt vor Ihnen liegt. Zur Kürbiszeit ist ein kurzer Besuch ein Muss! Mehr als 150 Kürbissorten werden hier angebaut und geerntet. Im Herbst ist der gesamte Hof in leuchtendes Orange und Gelb getaucht.

Der Börgersweg führt Sie zum Sibbingshook. Fahren Sie hier rechts ab. Sie gelangen an eine Kreuzung. Halten Sie sich halblinks und folgen Sie der Reetlake bis zum Oedinger Diek. Biegen Sie rechts ab, an der nächsten Kreuzung links in die Wöstenstiege. Eichen und Wallhecken säumen Ihren Weg bis Burlo, das wie Weseke heute zur Stadt Borken gehört. Radeln Sie geradeaus bis zur Borkener Straße. Hier biegen Sie rechts ab. Sie erreichen einen Kreisverkehr, an dem mehrere Gaststätten und Cafés auf Gäste warten.

Nehmen Sie den Vennweg Richtung Winterswijk. Rechts des Weges sehen Sie das Kloster Mariengarden und davor das Heimathaus, ein ehemaliges Gehöft mit Nebengebäuden und großem Garten. Die Fachwerkhäuser sind betagt und doch jung: Haupthaus, Backhaus und Schirmschoppe standen einst an anderer Stelle und waren stark verfallen. Mitglieder des Heimatvereins Burlo-Borkenwirthe haben die mehr als 200 Jahre alten Gebäude abgetragen, am jetzigen Standort neu errichtet und einen traditionellen Bauerngarten angelegt. Nach mehreren Jahren mühevoller ehrenamtlicher Arbeit konnte im Mai 2022 die Eröffnung gefeiert werden. Für Fußgänger und Radfahrer ist das Gelände jederzeit über eine Zuwegung links neben dem mächtigen schwarzen Eingangstor zugänglich. Als sehr freundlicher Service des Heimatvereins für die Radler sind die WCs in der Schirmschoppe von früh bis spät geöffnet.

Bauerngarten am Heimathaus in Burlo

Alles, was man von einem traditionellen Bauerngarten erwartet und was der ein oder andere Besucher vielleicht aus seiner Kindheit auf dem Land noch kennt, finden Sie in diesem liebevoll geplanten und detailgetreu angelegten Fleckchen Erde; darunter klassische Stauden wie Astern, Sonnenhut und Fette Henne sowie viele blühende Bodendecker und Bauernhortensien. Neben Blumen gibt es Gemüsebeete, allesamt akkurat eingefasst oder mit Staketenzäunen voneinander getrennt. Kräuter wie Borretsch, Dill, Petersilie, Maggikraut, Kamille und Minze stehen eng nebeneinander im Hochbeet. Eine Hainbuchenhecke bildet die Grenze zur Wildblumenwiese, wo blaue Kornblumen und roter Klatschmohn den Ton angeben. Und selbstverständlich darf ein Insektenhotel nicht fehlen.

Der Blick über die Beete auf den mit roten Geranien geschmückten Giebel des Bauernhauses ist so schön, dass nahezu jeder Besucher das Handy zückt, um dieses Bild festzuhalten.

Heimathaus Burlo, Vennweg 10, 46325 Borken, Tel. 0151/58593515, www.heimatverein-burlo.bowi.de

Im 2021 angelegten Bauerngarten in Burlo sind neben klassischen Blumenstauden vor allen Dingen Nutzpflanzen zu sehen.

Wie anno dazumal präsentiert sich das Heimathaus in Burlo.

Schon das Eingangstor strahlt ein Gefühl von Sicherheit, Wohlbefinden und Angekommen-Sein aus.

Setzen Sie Ihre Fahrt nun auf dem Vennweg fort und biegen Sie rechts auf Vennebülten ab. Es ergibt sich noch einmal ein schöner Blick über die Wiese auf Kloster und Heimathaus. Auf geht's jetzt in die Niederlande, genauer gesagt in den Achterhoek, ein Naturparadies. Hier gibt es ausgedehnte Fahrradrouten durch Alleen, Wald- und Flusslandschaften, vorbei an Moor und Heide, blühenden Wiesen und urigen Bauernhöfen. Honig direkt vom Imker, schmackhafter Bauernkäse aus Ziegen- oder Kuhmilch, köstliches Eis mit frischen Früchten aus dem Garten: Die Winterswijker Bauern sind zu Recht stolz auf ihre Qualitätsprodukte und erzählen gern mehr darüber. Hofcafés, gemütliche Teegärten, Garten- und Weideterrassen laden zur Pause ein. Überall werden Sie mit einem freundlichen Gruß und einem fröhlichen Lachen empfangen. Die Achterhoeker sind bodenständig, unbeschwert und pragmatisch. Sie lieben die Natur, konzentrieren sich auf die guten Seiten des Lebens und nehmen es locker, wenn nicht alles perfekt ist. Lassen Sie sich davon anstecken und vergessen Sie für einen Tag, was Sie bedrückt. Ein Besuch in dieser fast heilen Welt ist Wellness für die Seele.
Setzen Sie Ihre Route auf Vennebülten fort. Bei der nächsten Gelegenheit fahren Sie links, um auf Vennebülten zu bleiben. Schon bald erreichen Sie die Vennehütte, eine großzügig angelegte Rast- und Schutzhütte im Fachwerkstil mit Sitzplätzen innen und außen.
Ein kurzes, leicht unebenes Wegstück führt Sie in den Wald. Hier treffen Sie auf einen schmalen, wildromantischen Weg. Dicht beieinanderstehende Bäume bilden ein grünes Dach. Es handelt sich bei diesem Pfad um eine Sehenswürdigkeit des deutsch-niederländischen Grenzraums, den „Kommiesenpatt“.

Am Weg

Der Kommiesenpatt

Bis zur Aufhebung der Grenzkontrollen im Jahr 1995 patrouillierten hier Zöllner, Kommiesen genannt, um Schmuggler aufzuspüren. Meistens führten sie eine Waffe und auch Hunde mit sich. Es war also nicht ungefährlich, Tee, Kaffee, Zigaretten, Käse oder Butter über die grüne Grenze nach Deutschland zu schmuggeln. Trotzdem gab es jede Menge illegalen Grenzverkehr bei Nacht. Die ausgetretenen Pfade im Wald zeugen von dieser Zeit, und die Bewohner der naheliegenden Gehöfte können abendfüllende Geschichten davon erzählen. Der Kommiesenpatt ist heute ein Wanderweg mit etwa 18 Kilometer Länge. Entlang der Strecke weisen 12 Informationstafeln auf interessante Punkte hin und bieten weiterführende Erläuterungen. Folgen Sie dem Weg für 500 Meter – vorzugsweise zu Fuß. Nur geübte Radler sollten sich auf dem schmalen Patt zwischen den hochstehenden Baumwurzeln durchschlängeln.

Biegen Sie nun links ab Richtung Kotten. Der etwas breitere Weg durch den Wald ist gut befahrbar. Sie erreichen einen kleinen Rastplatz am Naturschutzgebiet Wooldse Venn und biegen rechts ab.
Sie sind nun in den Niederlanden. Ab jetzt ist Ihr Rad eine Fietse und der Garten ein Tuin, gesprochen „Teun“. Dass Sie die Grenze passiert haben, erkennen Sie auch an der Architektur und – ganz typisch – an den vielen Naturcampingplätzen. Bauernhöfe mit dunkelrot gestrichenen Giebeln und Blendläden und hübsche Gärten mit weißen Kieswegen liegen verstreut zwischen Wiesen und Feldern, Herrenhäuser luken hinter dichten Hecken hervor. Auf den Weiden grasen Kühe und Schafe und manchmal auch Alpakas.
Sie befinden sich auf dem Burloseweg und biegen bald links in den Blankersweg, eine hübsche Allee, ab. Auf dem festgefahrenen Sandboden ist das Radfahren kein Problem. Sie folgen einer Rechtskurve und gelangen zum Kuipersweg mit einer gepflasterten Fahrbahn.

Biegen Sie links ab. Folgen Sie diesem Weg eine Weile, bis rechts der Veenweg abzweigt. Sie erkennen ihn an einem Hinweisschild „Veenemaat Camping & Terras“.

Tipp

Bauernhofcafé Veenemaat

Das Bauernhofcafé liegt unmittelbar an einem kleinen, ruhigen Campingplatz. Der Bauernhof bietet außerdem Bed & Breakfast. Die Terrasse und das gemütliche Café eignen sich perfekt für eine kurze Rast in wunderschöner Natur. Neben Kaffee und hausgemachtem Kuchen, Snacks und Suppen stehen auch holländische Spezialtäten wie Frikandeln und Kroketten auf der Speisekarte. Die freundliche Inhaberfamilie Du Pré kümmert sich mit viel Herzlichkeit um die Gäste.

Veenemaat Bauernhofcafé, Veenweg 2, 7107BB Winterswijk-Kotten, Tel. 0031 543/564298, www.veenemaat.nl

Folgen Sie der Linkskurve des Veenweg und überqueren Sie den Kienveenweg. Gleich links können Sie einen historischen Vlasoven, einen Flachsofen, bestaunen.

Der Flachsofen war 160 Jahre in Vergessenheit geraten.

Am Weg

Vlasoven te Veene – Historischer Flachsofen

Anschauliche Informationen zum Flachsofen

Flachs ist der Rohstoff für Leinenstoffe und eine der ältesten Textilpflanzen der Welt. Schon vor 7000 Jahren baute man in Mesopotamien Flachs an. Er wird traditionell am 100. Tag des Jahres gesät und braucht 100 Tage bis zur Ernte. Der reife Flachs wurde ausgerauft, das heißt, mitsamt der Wurzel mit einem kurzen Ruck herausgezogen. Um die Trocknung zu beschleunigen, kam das Flachsstroh anschließend auf den Steinofen. Dann erfolgten die weiteren Verarbeitungsschritte: das Brechen, Kämmen und Spinnen. Auch im Achterhoek wurde Flachs angebaut, fast jeder Hof hatte sein eigenes kleines Flachsfeld. Es lieferte die für die häusliche Leinenherstellung unverzichtbaren Fasern, aber auch Leinöl, das aus den Samen gewonnen wurde. Durch den Siegeszug der Baumwolle geriet der Anbau und die Verarbeitung von Flachs in der Region jedoch weitgehend in Vergessenheit. Der wiederaufgebaute historische Vlasoven te Veene stammt aus dem Jahr 1825 und war bis etwa 1890 in Betrieb.

Eine Tafel informiert auch in deutscher Sprache. Sie erfahren Wissenswertes über die Pflanze, den Anbau, die Verarbeitung und über die heutigen Bemühungen im Achterhoek, die alte Handwerkskunst zu bewahren. Mehrmals im Sommer finden Vorführungen der „Achterhoekse Vlasspinners" statt.

Flachsofen te Veene, Veenweg 1, 7108 CH Winterswijk-Woold,
Tel. 0031 62291/2941, www.vlasoventeveene.nl

Kehren Sie zu der Kreuzung zurück und biegen Sie scharf rechts auf den Kienveenweg ab, der später in den Wiggersweg übergeht. Folgen Sie dem Weg etwa zwei Kilometer, bis Sie den Kulverweg erreichen. Biegen Sie links ab. Sie erreichen den Käsehof Harmienehoeve mit Pfannkuchen-Restaurant und Gartencafé. (Eine ausführlichere Beschreibung finden Sie in Tour 1).

Der Kulverweg führt zurück zur Groene Grens, also zur Grünen Grenze. Wenden Sie sich nach rechts und folgen Sie dem Grensweg durch den Wald, bis Sie das Schild „Willkommen in Rhede“ erreichen. Sie verlassen die Niederlande, radeln auf Zum Venn weiter geradeaus. Ihr nächstes Etappenziel ist der Pröbstingsee in Borken, den Sie in etwa 35 Minuten erreichen. Auf dem Weg dorthin fahren Sie fast durchgehend über gut ausgebaute landwirtschaftliche Wege. Biegen Sie nach links in den Burloer Diek ein. Parallel zur Fahrbahn verläuft ein Radweg. Wenn der Radweg rechts der Fahrbahn endet und Ihnen ein Wechsel der Fahrbahnseite angezeigt wird, kommen Sie dieser Aufforderung nicht nach, sondern bleiben für 20 Meter auf der Straße. Dann fahren Sie rechts ab. Der Weg An der Delle bietet Ihnen schöne Ausblicke in die weite Landschaft des Münsterlandes und stößt dann auf die Gronauer Straße. Diese überqueren Sie und fahren geradeaus weiter. Nun befinden Sie sich auf den Wansingweg. An einer Gabelung mit einem Rastplatz und einer kleinen Andachtskapelle linkerhand halten Sie sich rechts und folgen dem Weg Branden Richtung Hoxfeld. Hier sehen Sie auf engstem Raum ein Beispiel für die Bemühungen, fossile Brennstoffe wie Gas und Öl durch regenerative Energie zu ersetzen: links und rechts säumen zunächst Maisfelder Ihren Weg. Mais ist genügsam, braucht vergleichsweise wenig Wasser und erzeugt relativ viel Biomasse. Deshalb ist Mais die wichtigste Kulturpflanze zur Erzeugung von Biogas. Sie passieren nun eine große Biogasanlage und unmittelbar danach eine Windkraftanlage.

Je näher Sie Ihrem Ziel, dem Pröbstingsee, kommen, desto wahrscheinlicher ist es, dass Motor- und Segelflugzeuge über Ihnen kreisen. Diese kommen vom Flugplatz Borken-Hoxfeld. Zuweilen starten dort auch Ballons. Wenn Sie den Heidekamp erreichen, eine schmale, von Birken gesäumte Autostraße, biegen Sie rechts und gleich wieder

links auf Hoxfelder Esch ab. Rechts und links des Weges liegen gepflegte Höfe, viele mit hübschen Gärten. Sie werden sich fragen, was es mit den nach Königen und Königinnen benannten Wegen und Seitenstraßen auf sich hat: In der Bauernschaft Hoxfeld feiern die Leute – wie im ganzen Borkener Stadtgebiet – mit großer Begeisterung das jährliche Schützenfest. Und da in Hoxfeld nur 800 Menschen leben, hat hier nahezu jede Familie schon mal die Königswürde getragen. Bezeichnungen wie „Königin-Doris-Platz" oder „König-Willi-Straße" sind natürlich nicht offiziell, sondern eine liebenswerte Marotte der Einheimischen. Es heißt aber, dass die Post auch Briefe mit diesen Adressen zustellt.
Bevor Sie die Vardingholder Straße erreichen, liegt rechterhand eine große Anbaufläche für Gemüse, wo viele verschiedene Sorten wachsen. Können Sie sie anhand ihres Blattwerks unterscheiden? Das ist schwieriger, als man denkt.
Biegen Sie links auf den Radweg neben der Straße ab und überqueren Sie diese am Gasthof Jägerkrug. Folgen Sie der Beschilderung zum Pröbstingsee.

Am Weg

Freizeit- und Erholungspark Pröbstingsee

Der 100.000 Quadratmeter große Pröbstingsee ist ein Stausee, der durch die Bocholter Aa gespeist wird. Er ist das Kernstück eines Naherholungsgebietes und der natürliche Lebensraum für zahlreiche schützenswerte Pflanzen und Tiere. Das Ufer und eine Insel im See stehen unter Naturschutz. Von hohem ökologischem Wert sind auch die Feuchtbiotope. Wasserwirtschaftlich bedeutsam ist die Funktion des Sees als Rückhaltebecken.
Der Name leitet sich vom ehemaligen Rittergut Haus Pröbsting ab, ein von Wasser umgebenes Anwesen aus dem Mittelalter, das in späteren Jahrhunderten immer wieder erweitert und verändert wurde. Jahrelang unbewohnt, drohte schließlich der Verfall. Glücklicherweise fand sich schließlich ein Unternehmer, der das Anwesen kaufte, die Gebäude sanierte und restaurierte und eine neue Nutzung fand. Heute beherbergt Haus Pröbsting eine Klinik.

Ein schönes Fleckchen für eine Rast: der Pröbstingsee

Sie können den See auf dem 6 Kilometer langen Weg mit dem Rad umrunden und jede Menge schöner Aussichten genießen oder sofort ein ruhiges Plätzchen am Ufer suchen, um die Seele baumeln zu lassen. Ein Paddel-, Ruder- und Tretbootverleih befindet sich am nordöstlichen Ufer. Der im Süden angrenzende Grundwassersee hat auch in heißen Sommern eine gute Wasserqualität und ist deshalb als Badesee ausgewiesen. Hier können Sie zum Nulltarif schwimmen. Es gibt eine Liegewiese mit Schatten spendenden Bäumen und einen kleinen Strand.

Tipp

Bootshaus am Pröbstingsee

Wenn Durst und Hunger plagen, empfiehlt sich das Bootshaus am Pröbstingsee. Terrasse und Gartenwirtschaft bieten eine grandiose Aussicht auf das Wasser. Das Angebot zur Selbstbedienung umfasst kalte Getränke, Kaffee, Kuchen, Eis, Flammkuchen und weitere herzhafte Speisen auf gutem Biergartenniveau.

Boothaus am Pröbstingsee, Pröbstinger Allee 11, 46325 Borken, www.bootshaus-proebstingsee.de

Hier ist die Orientierung einfach: Die Bocholter Aa weist den Weg.

Kehren Sie nun zurück zur Brücke, die über die Bocholter Aa führt. Biegen Sie hinter der Brücke rechts und gleich wieder rechts auf den Aa-Radweg ab, der am Ufer des kleinen Flusses verläuft. Natur pur erwartet Sie. Straßenlärm und andere Zivilisationsgeräusche sind fern. Ab und zu sehen Sie einen Angler, denn der kleine Fluss gilt als nährstoff- und fischreich. An den Uferböschungen blühen Wildblumen und Sträucher in den schönsten Farben. Rechts des Weges können Sie im Spätsommer Brombeeren naschen.

Dem Aa-Weg folgen Sie bis Borken, wo Sie auf die Bundesstraße 70 stoßen. Biegen Sie links ab auf den Radweg diesseits der Bundestraße. Direkt nach der Unterführung entdecken Sie eine kunterbunte Wildblumenwiese und das Werbebanner von „My green nature“. Drei junge Männer aus der Region haben dieses Naturschutzprojekt gegründet. Durch das Anlegen von Blühwiesen möchten sie dazu beitragen, die Biodiversität zu steigern und attraktive, nachhaltige

Lebensräume für Insekten und Kleinstlebewesen sowie für den Menschen zu schaffen. Zur Finanzierung vergeben sie Patenschaften an örtliche Unternehmen.
Folgen Sie dem Radweg, passieren Sie eine weitere Unterführung. Vor der dritten Brücke biegen Sie links ab. Sie befinden sich auf der Uhlenstegge, die durch zahlreiche, eng aneinander gereihte Birnenbäume beiderseits des Weges besticht. Im Frühjahr sorgen sie für ein weißes Blütenmeer, im Sommer tragen sie herrliche Früchte. Das Schöne ist: Sie dürfen die Birnen pflücken und verzehren, denn es handelt sich um städtische Obstbäume, die eigens dafür freigegeben sind.
Am Rottbeckskamp biegen Sie rechts ab und dann links in die Leetstegge, anschließend rechts in dem Meßkamp, der wieder auf die B 70 zuläuft. Biegen Sie scharf links ab, um auf Meßkamp zu bleiben. Nun liegt die Bockwindmühle vor Ihnen. Folgen Sie dann dem Radweg, der links an der Mühle vorbeiführt.

Am Weg

Die Weseker Bockwindmühle hat eine lange Reise hinter sich. Ursprünglich wurde sie im Jahr 1848 in Sachsen errichtet, 1995 abgebaut, auf einem Bauernhof in Bayern eingelagert, 2009 vom Weseker Mühlenverein erworben und in den Folgejahren in 6500 Stunden ehrenamtlicher Arbeit am jetzigen Standort wieder aufgebaut. Sie ist voll betriebsfähig. Der sehr aktive Verein, dem auch viele junge Mitglieder angehören, kümmert sich um den Betrieb und die Pflege und öffnet die Mühle nach vorheriger Anmeldung sowie jedes Jahr am Pfingstmontag für die Öffentlichkeit. Dann gibt es auch Mehl und selbstgebackenes Brot zu kaufen.

„Das Beste kommt zum Schluss", würde mancher Freund des kleinen, aber feinen Apothekergartens sagen. Am Ende Ihrer Tour sollten Sie ihn unbedingt besuchen und Ihr Wissen über Heilkräuter vertiefen oder einfach nur ein wenig relaxen. Der Garten ist eingebettet in den Quellengrundpark mit seinem hübschen Ententeich, einem kleinen Heimatmuseum aus authentischen Holz- und Fachwerkbauten und einem geologischen Garten. Ihre inzwischen vielleicht müden Radlerbeine können Sie in der Kneipp' schen Wassertretanlage wieder in Schwung bringen. Genauso wie in Burlo verdankt auch dieses Kleinod seine Existenz dem ehrenamtlichen Engagement des örtlichen Heimatvereins, allerdings ist das Weseker Gelände älter und deshalb mit Bäumen, Sträuchern und Hecken sehr schön eingewachsen.

Zeitreise im Apothekergarten Weseke

Apothekergärten haben eine jahrhundertelange Tradition, denn Gewürz- und Heilpflanzen beschäftigten die Menschen bereits in frühester Zeit. Im Mittelalter wurden vor allem in Klöstern Kräuter und Pflanzen zu medizinischen Zwecken angebaut. Der historische Apothekergarten in Weseke ist in Form einer Spirale angelegt und schickt die Besucher auf eine Zeitreise durch die Geschichte der Pflanzenheilkunde. Ungefähr 150 Arten wurden zusammengetragen. Auf kleinen Tafeln wird erklärt, um welche Pflanzen es sich handelt und welche heilende Wirkung sie entfalten können. So hilft beispielsweise die Artischocke bei Fettverdauungsstörungen, Salbei bei Erkältungen. Umschläge aus Tee von Schafgabe beschleunigen die Wundheilung. Basilikum wirkt schweißtreibend und damit fieberhemmend. Gegen Blutarmut empfiehlt sich die Rote Beete. Labkraut findet sich auch heute noch in Mitteln gegen geschwollene Lymphknoten. Melisse fördert den Schlaf. Dummerweise ist gegen das Älterwerden noch kein Kraut gewachsen. Aber gemessen am Alter der Erde – und damit beschäftigt sich der Geologische Garten – sind und bleiben wir alle jung.

Apothekergarten Weseke, Im Quellengrundpark, 46325 Borken-Weseke, www.weseker-heimatverein.de

Tipp

Geologischer Garten im Quellengrundpark

Neben dem Apothekergarten können Sie den Geologischen Garten besuchen. Den Mittelpunkt bildet eine Erdzeituhr, die die Erdgeschichte umgerechnet auf einen Tag darstellt. 4,5 Milliarden Jahre entsprechen also 24 Stunden auf der Uhr. Den modernen Menschen gibt es erst seit ungefähr 160.000 Jahren. Unser aller Leben und das unserer Vorfahren ist also erdgeschichtlich betrachtet nur ein Wimpernschlag in der Zeit. Vor etwa 2,6 Millionen Jahren begannen mehrere Eiszeiten in Folge, die nach und nach die heutige Landschaft des Münsterlandes geprägt haben. Damals war die Temperatur im Jahresdurchschnitt bis zu 15 °C kälter als heute. Die mächtigen skandinavischen Gletscher wurden immer größer. Das Eis dehnte sich in unvorstellbare Dimensionen aus. Schließlich lag das gesamte Münsterland unter einer Schicht, die bis zu 300 Meter dick gewesen sein soll. Gewaltige Eisschollen brachten mit großer Wucht im wahrsten Sinne des Wortes Steine ins Rollen. Große Brocken wurden dabei einfach verschoben und landeten zum Ende der Eiszeit nach einer langen Reise an vielen verschiedenen Orten. Wir nennen sie heute Findlinge. Im Quellengrundpark sind einige von ihnen zu bestaunen. Sie erinnern uns daran, wie unendlich die Zeit ist, und dass die Erde schon sehr lange vor uns existierte und noch sehr lange nach uns existieren wird.

Die Erdzeituhr veranschaulicht die Erdgeschichte.

Die neugotische St. Ludgerus Kirche markiert die Ortsmitte von Weseke.

Gastronomie

Altes Gasthaus Niehoff
Südlohner Str. 1
46325 Borken-Weseke
Tel. 02862/92084
www.gasthaus-niehoff.de

Bootshaus am Pröbstingsee
Pröbstinger Allee 11
46325 Borken
Tel. 02861/9029494
www.bootshaus-proebstingsee.de

Gasthof Enning
Hauptstraße 26
46325 Borken-Weseke
Tel. 02862/1203
www.gasthof-enning.de

Veenemaat Bauernhofcafé
Veenweg 2
7107BB Winterswijk-Kotten
Tel. 0031 543/564298
www.veenemaat.nl

Tour 3

- Startpunkt
- Zielpunkt
- Garten
- Gastronomie

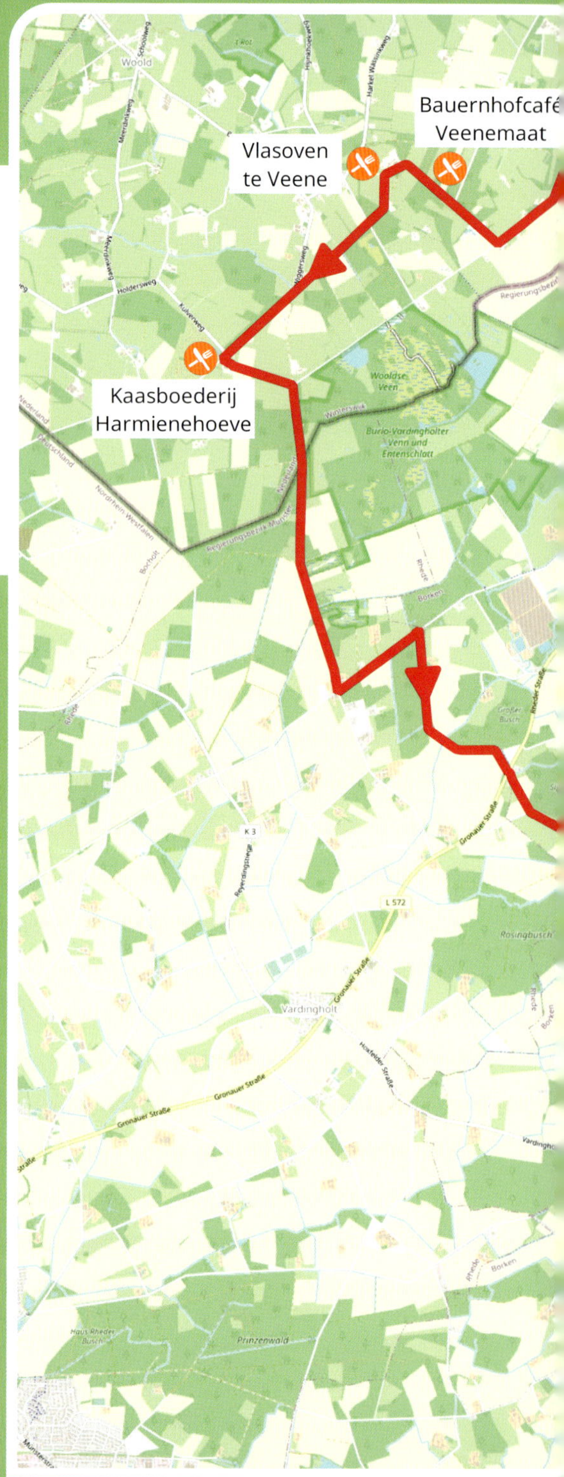

Heimathaus Burlo
Hof Börger
Apothekergarten Weseke
Garten Picker
Bootshaus am Pröbstingsee
Weseke
Burlo
Borkenwirthe
Gemenwirthe
Gemen
Borken
Hoxfeld
Sternbusch
Flugplatz Borken-Hoxfeld
Leitingsstiege
Borkener Straße
Vardingholter Straße
B 70
B 525
L 572
L 600
K 8
K 6
K 50
K 57

Wie der Gärtner,
so der Garten
Natürliche Pracht zwischen
Burlo und Winterswijk

Diese Route führt Sie von Burlo aus weit in den Achterhoek hinein, so dass Sie sowohl die Geschichte als auch den Reiz dieses Landstrichs intensiv erleben und seine Besonderheiten kennenlernen werden. Diesseits und jenseits der Grenze erstreckt sich ein zusammenhängendes Naturschutzgebiet, ein Hochmoor, mit seinen Torf- und Heideflächen. Auf deutscher Seite trägt es den Namen Burlo-Vardingholter Venn, auf niederländischer heißt es Wooldsches Venn. Die Gesamtfläche beträgt 210 Hektar. Das Entstehungsalter wird auf 4500 Jahre geschätzt. Als Highlight dieser Route ist eine kurze Wanderung durch das Moorgebiet eingeplant.

Tour 4

1:24 Std. | 27,3 km | 80 Meter

Start/Ziel: gegenüber der Klosteranlage Mariengarden, Parkplatz Vennweg, 46325 Borken-Burlo

Anreise mit ÖPNV: Anreise mit ÖPNV: ab Bahnhof Borken mit dem Fietsenbus R76/R77 bis Weseke, von dort aus 6 Kilometer bis Burlo

Wegbeschaffenheit: asphaltierte und gut befestigte Wege; eine kurze unebene Strecke über einen ehemaligen Zöllnerpfad

Wegbeschreibung: Starten Sie am Parkplatz Vennweg in Burlo gegenüber der Klosteranlage Mariengarden. Am 19. Oktober 1765 wurde hier Geschichte geschrieben, als mit der Burloer Konvention die Staatsgrenze zwischen dem Herzogtum Geldern als Provinz der Vereinigten Niederlande und dem Hochstift Münster endgültig festgelegt wurde. Die damals getroffenen Regelungen haben im Wesentlichen bis heute Bestand.

Sobald Sie auf Vennebülten abgebogen sind, liegt das Kloster rechterhand.

Biegen Sie rechts auf Vennebülten ab, anschließend links Richtung Vennehütte. Die Weggabelung markiert eine Statue unter einem Schutzdach. Es handelt sich um den heiligen Nepomuk, den Schutzpatron der Brücken und Helfer gegen die Gefahren des Wassers. Der

im 18. Jahrhundert aus Baumberger Sandstein gefertigte Bildstock wurde im Laufe der Jahrzehnte mehrfach versetzt. Nach einer umfassenden Restaurierung befindet er sich seit 1997 an seinem jetzigen Standort auf einem schlichten, gemauerten Sockel, dessen Inschrift heute aktueller denn je erscheint: „Selig, die Verfolgung leiden um der Gerechtigkeit Willen denn ihrer ist das Himmelreich".
Kunstwerke wie dieses finden Sie häufig im Münsterland. Errichtet als religiöse Kleindenkmäler außerhalb von Kirchen und Klöstern stehen sie an Hofzufahrten, Straßen und Wegen, am Waldrand oder weithin sichtbar auf Anhöhen und laden zum Innehalten und zum Gebet ein. Sie wurden von privaten Stiftern erbaut, etwa um für die glückliche Heimkehr eines Sohnes aus dem Krieg zu danken oder um Schutz und Segen für die Hofstelle zu erbitten. Die Orte werden bis zum heutigen Tag liebevoll gepflegt und meistens mit Blumen geschmückt. Dafür sorgen Anwohner oder Heimatvereine. Aufgrund ihrer kunsthistorischen Bedeutung stehen die Bildstöcke heute unter Denkmalschutz.
Sie lassen die Vennehütte links liegen, nähern sich einem Waldstück und durchfahren dieses, bis Sie den Kommiesenpatt, den Zöllner- und Schmugglerpfad erreichen, der in Tour 3 detailliert beschrieben ist. Am Ende des geschichtsträchtigen Weges biegen Sie links ab Richtung Kotten und erreichen das Wooldse Venn, den niederländischen Teil des schutzwürdigen Hochmoors, das nicht mit dem Rad befahren werden darf. Hier können Sie eine kleine Wanderung auf einem zwei Kilometer langen Rundweg beginnen.
Im Hochsommer sind wegen der vielen Mücken lange Hosen und langärmlige Hemden oder ein mückenabweisendes Köperspray zu empfehlen. Der Zugang mit Hund ist nicht gestattet, ebenso wenig wie das Verlassen der gekennzeichneten Wege. Wenn Sie sich an die Regeln und Tipps halten, erwartet Sie ein beeindruckendes Naturerlebnis.
In der Mitte des Moores gibt es eine Aussichtsplattform, die Sie ansteuern, indem Sie dem „Plankenwandelpad", also dem Holzsteg, folgen. Unterwegs sehen Sie seltene Pflanzen wie Sonnentau, Lavendelheide, die kleine Moosbeere, Lungenenzian und Sumpfmoos so-

Über Bohlen führt der Wanderweg durch das Wooldse Venn, mit seiner charakteristischen niedrigen Vegetation.

Info

Bis ins vorige Jahrhundert wurde hier Torf abgebaut. Der Torfstich war vor langer Zeit Anlass für wiederkehrende Streitereien, die erst im Jahr 1765 mit der Grenzziehung zwischen der Provinz Gelderland und dem Münsterland beigelegt werden konnten.
Lebensfeindlich, mystisch und ein bisschen gruselig: Das Moor war für den Menschen lange Zeit ein Gegner. Die westfälische Heimatdichterin Annette von Droste-Hülshoff hat ihm die Ballade „Der Knabe im Moor“ gewidmet.
Heute weiß man: Die Feuchtgebiete spielen eine wichtige Rolle für unser Klima, denn sie speichern mehr Kohlendioxid als jedes andere Ökosystem der Welt. Von den ursprünglich rund 1,5 Millionen Hektar Moor in Deutschland gelten heute nur noch etwa fünf Prozent als naturnah. Viele Moore wurden zur landwirtschaftlichen Nutzung trockengelegt. Doch die Entwässerung hat Folgen: Wird einem Moor das Wasser entzogen, wird Kohlendioxid freigesetzt. Auch die biologische Vielfalt nimmt ab. Inzwischen wird im Sinne des Klimaschutzes daran gearbeitet, einige Moorflächen wieder zu vernässen, so auch im Wooldse Venn und im Burlo-Vardingholter Venn. Die Renaturierung gilt hier inzwischen als abgeschlossen.

Moore sind wertvolle Ökosysteme.

wie zahlreiche Libellen- und Schmetterlingsarten. Mit etwas Glück können Sie Schlangen, Echsen und Bussarde beobachten.
Zurück am Ausgangspunkt der Wanderung setzen Sie Ihre Tour mit dem Rad fort.

Info

2005 wurde der Achterhoek zur Nationaal Landschap erklärt, was in Deutschland einem Naturpark entspricht. Gemeint sind weitgehend natürliche Landschaftsräume, die aber von Menschen bewohnt und bewirtschaftet werden. Im Gegensatz zu einem Nationalpark, in dem die Natur sich ohne menschliches Zutun entfalten soll, bietet die Nationaal Landschap auch Raum für Wohnen, konservative Landwirtschaft und Kleingewerbe. Sie werden hier weder große Mastställe noch Windräder oder Industrie vorfinden. Der Achterhoek ist geprägt von weitläufigen, von Wallhecken gesäumten Wiesen und Äckern, Wäldern und plätschernden Bächen. Die von hohen Bäumen gesäumten Straßen sind schmal. Viele Wege, die von Hof zu Hof führen, sind nicht asphaltiert, sondern gekiest oder mit Sand ausgestreut. Schon deshalb geht es nur gemächlich voran. Wer sich auf den Rhythmus der Region einlässt, wird aber feststellen: Es gibt es unglaublich viel zu entdecken.

Sie erreichen den Burloseweg und folgen ihm für ungefähr 4 Kilometer. Erst nachdem Sie die Siedlung Kotten schon hinter sich gelassen haben, biegen Sie links in den Sieverdinkweg ein, der dann in den Bothoekweg mündet. Folgen Sie nun dem Bothoekweg, bis Sie links auf de Slingeweg abbiegen und das Landgoed de Zonnebloem, einen Pflückgarten mit Weidecafé und Kleinkunstbühne erreichen. Die Besitzer beschreiben ihr Zuhause als einen Ort, an dem jeder eingeladen ist, eine Pause vom hektischen Leben einzulegen. Seinen Namen verdankt das Landgut den leuchtend gelben Sonnenblumen, die im Spätsommer das Bild bestimmen.

Hier erwartet Sie ein uriger Pluktuin, ein Pflückgarten, der ausführlich in Route 1 beschrieben wird.

Im Pflückgarten De Zonnebloem geht es um natürliche Vielfalt.

Nach Ihrem Aufenthalt starten Sie die nächste Etappe am de Slingeweg und fahren nach 200 Metern weiter auf Meester Brouwerlaan. Folgen Sie dem Weg für 1,5 Kilometer und biegen dann links auf Oude Bocholtsebaan, zu Deutsch „Alte Bocholter Bahn", ab. Auf dieser Trasse verlief die 1880 eröffnete Eisenbahnstrecke zwischen Winterswijk und Bocholt, die Ende der 1980er Jahre stillgelegt und vollständig zurückgebaut wurde. Die schnurgerade Strecke liegt im kühlenden Schatten alter Bäume und eignet sich perfekt zum Radfahren. Man gleitet mühelos dahin und sieht die Landschaft an sich vorbeiziehen wie anno dazumal die Bahnreisenden.
Ein kurzer Abstecher führt Sie über die Winkelstegge zu einer archäologischen Stätte.

Am Weg

Kennen Sie den Begriff Feldbrandstein? Dieses Wort beschreibt exakt, um was es geht, nämlich um Steine, die auf dem Feld gebrannt werden. Etwas versteckt liegt in einer Wiese der im Jahr 2014 frei gelegte und restaurierte Veldoven 't Winkel, in dem früher Mauersteine gebrannt oder, wie die Niederländer sagen, gebacken wurden. Unser Begriff „Backstein" meint genau dasselbe. Der nassgeformte und an der Luft getrocknete Rohziegel wurde in einem eigens errichteten Meiler durch die Verfeuerung von Holz gebrannt. Meistens geschah das zweckbestimmt und zeitlich befristet für ein bestimmtes Bauvorhaben.

Der Feldofen 't Winkel wurde wahrscheinlich zwischen 1840 und 1860 in Betrieb genommen, um den Lehm aus der rund 40 Meter entfernten Tongrube zu Steinen für den Bau von Bauernhäusern und Viehställen zu verarbeiten. Informationstafeln – in niederländischer Sprache – geben Auskunft über die Produktionswege, den Arbeitsalltag und die Lebensumstände der Menschen in jener Zeit. Eine Besichtigung ist jederzeit möglich.

Veldoven 't Winkel, Winkelstegge/Ecke Roslintumweg,
7108 AT Winterswijk-Woold

Zurück auf Oude Bocholtsebaan erreichen Sie nach wenigen Minuten die Weideterras Kötters. Inmitten von kunterbunten Wildblumen können Sie in diesem urigen Selbstbedienungscafé Platz nehmen und gegen ein geringes Entgelt Kaffee oder Tee sowie hausgemachten Kuchen genießen. Als Kasse dient ein grüner Briefkasten an einem mächtigen Baum. Etwas weiter weg lugt hinter einem hoch bewachsenen Feld das rote Dach eines Bauernhofes hervor. Schon möglich, dass dort die Familie Kötters zu Hause ist. Man sieht aber außer den Radfahrern und Wanderern keine Menschenseele, nirgends ist eine Telefonnummer vermerkt. Das Café wirkt daher wie von guten Geistern betrieben, die niemand zu Gesicht bekommt. Die Öffnungs-

Wer möchte diese freundliche Einladung ausschlagen?

zeiten sind so einfach und unkompliziert wie alles hier: „Bij mooi weer geopend“ – „Bei schönem Wetter wird geöffnet.“

Weiter geht's zum nächsten Garten, dem Tuin de Bosuil. Biegen Sie direkt an der Weideterrasse rechts auf Langediek ab. Bald erreichen Sie den Wooldseweg, dem Sie nach links folgen. Rechterhand liegt das Wohnhaus eines Schäfers, der Schaffelle aller Art und Größe zum Kauf anbietet. Hier überqueren Sie die Straße und biegen rechts in den Blekkinghofweg ein. Links lassen Sie einen Holzhandel liegen, radeln durch ein kleines Waldstück und stoßen gleich danach auf den Tuin de Bosuil, zu Deutsch „Garten des Waldkauzes“.

Naturnahes Gärtnern im Tuin de Bosuil

Hier sind Willemien und Gerrit Graven zu Hause. Seit 2012 öffnen sie regelmäßig die Pforte zu ihrem 3000 Quadratmeter großen Grundstück, das sie so naturnah und ressourcenschonend wie möglich bewirtschaften. Ihre Philosophie lautet: „Wir möchten mit der Natur zusammenarbeiten.“ Besucher können sich an einer großen Vielfalt an blühenden Sträuchern und üppigen Stauden erfreuen, bei denen die Farb- und Blattkombinationen eine schöne Einheit mit der Umgebung bilden.

Das Ehepaar Graven lebt mitten im Wald auf einem ehemaligen Bauernhof.

Im Frühling blühen Buschwindröschen, Bärlauch, Gelbe Taubnesseln, Wiesenkerbel sowie Unmengen Narzissen und Krokusse. In den großen Rabatten finden sich ab Frühsommer Wildstauden wie Akelei und Gelber Scheinmohn sowie Wegerichgewächse wie der Fingerhut. Im Laufe der Jahreszeit kommen immer mehr blühende Pflanzen hinzu, darunter verschiedene Einjährige und Dahlien. Bauern- und Rispenhortensien gedeihen im Halbschatten. Ab August prägen viele spätblühende Pflanzen in den leuchtenden Farben des Spätsommers das Bild, darunter Sonnenhut und Astern. Hübsche Gräser wiegen sich im Wind.
Weil die Folgen des Klimawandels durch höhere Temperaturen und weniger Niederschläge immer deutlicher werden, suchen nahezu alle Gartenbesitzer nach Lösungen. Im Garten de Bosuil wurden große Kiesbeete angelegt. Die Steine sollen den Boden vor Austrocknung durch Sonne und Wind schützen, trockenheitsliebende Pflanzenarten haben hier einen idealen Platz gefunden. Im Herbst 2022 sind zudem zwei Sandbeete realisiert worden. Auch hier haben nur solche Pflanzen eine

Die Kiesumrandung und trockenheitsresistente Pflanzen sind der gelungene Versuch, den Garten an das veränderte Klima anzupassen. Für zusätzliche Farbkleckse sorgen bunte Stühle.

Chance, die über längere Zeit ohne Wasser existieren können. Der gesamte Garten wird so wenig wie möglich bewässert, und dort, wo es unbedingt erforderlich ist, kommt ausschließlich Brunnenwasser zum Einsatz – niemals Trinkwasser.

Ein kleiner Gemüsegarten mit praktischen Kastenbeeten und eine große Wildblumenwiese dürfen auf dem Anwesen nicht fehlen. Mitten auf der Wiese stehen drei bunte Stühle, schlicht in der Form, aber in fröhlich-leuchtenden Farben bemalt. Auch am Waldrand laden verschiedene Sitzplätze zum Verweilen ein. Wer Geduld hat, kann hier neben verschiedenen Vogelarten auch den namengebenden Waldkauz hören.

In der als Galerie eingerichteten Scheune sind Gemälde von Gerrit zu sehen. Seiner meist realistischen Malerei widmet er sich vornehmlich in den Wintermonaten.

Tuin de Bosuil, Blekkinkhofweg 12, 7108 AL Winterswijk-Woold, Tel. 0031 543/517532, www.facebook.com/TuindeBosuil

Seerosen teilen sich den Teich mit Fröschen und Amphibien.

Radeln Sie nun zurück zum Wooldse Weg, überqueren Sie diesen und setzen Sie die Tour auf dem Holdersweg fort, bis Sie links in den Meerdinkweg abbiegen, um einen Abstecher zur Ziegenkäserei De Brömmels zu machen.

Tipp

Ziegenkäserei De Brömmels

Als Ellen und Bert Kott den Hof 1995 übernahmen, stoppten sie den Einsatz von Kunstdünger und Pestiziden, pflanzten Hecken und Obstbäume und schufen so ein gesundes Refugium für Menschen und Tiere. Durch diese natürliche Landwirtschaft hat sich viel verändert: Frösche, Rauchschwalben, Sperlinge, Schwanzmeisen, Stieglitze, Finken, Goldammern und Nachtigallen fühlen sich auf dem Hof genauso wohl wie die Gäste. Besucher können die offenen Ziegenställe betreten und den Landwirten bei der Arbeit zusehen. Kinder dürfen sogar beim Melken helfen. Der kleine Hofladen ist vollgestopft mit regionalen Erzeugnissen und doch aufgeräumt und übersichtlich. Die Käsetheke ist das Herzstück des Raums. Es gilt: Probieren geht über Studieren. Da der Laden klein ist, wird er kurzerhand auf die Freifläche verlängert. Verkauft wird alles, was Felder und Garten hergeben – von Lavendelsträußen über Birnen und Äpfel bis zu Kürbissen und Zucchini.

Auf der gediegenen Terrasse können Sie Kaffee, Tee und Erfrischungsgetränke, mit Ziegenkäse belegte Brötchen und hausgemachten Rosinenstuten mit Butter verzehren. Direkt am Eingang zum Hof liegt der Zugang zu einem kleinen Wandergebiet.

Bei rechtzeitiger Vorausbuchung werden Sie bei Ihrem Spaziergang von vierbeinigen Gefährten begleitet. Eine Ziegenwanderung ist nicht nur für Kinder ein großer Spaß.

Ziegenkäserei De Brömmels, Meerdinkweg 5, 7108 BJ Winterswijk-Woold, Tel.031 543/564518, www.brommels.nl

Kehren Sie nun zurück zum Holdersweg, überqueren Sie diesen und folgen dem Roerdinkweg. Lassen Sie das gleichnamige Landgut rechts liegen, überqueren Sie den Brandenweg und fahren Sie bis zum Grensweg, wo Sie links abbiegen und bis zur Grünen Grenze radeln. Sie sind wieder in Deutschland und beenden Ihre Tour, wie Sie sie begonnen haben: mit einem Abstecher in das Venn.

Abstecher

Nach 750 Metern geht es links auf Am Steverdings Bülten. Der schmale Weg führt durch das Burlo-Vardingholter Venn bis zur Aussichtsplattform „Entenschlatt". Als wichtiges Rückzugsgebiet für zahlreiche Tierarten, die in Nordrhein-Westfalen ansonsten nur noch sporadisch oder gar nicht mehr vorkommen, darunter Vogelarten wie die Krickente, die Nachtschwalbe und die Waldschnepfe, aber auch für seltene Insekten und vom Aussterben bedrohte Frösche, steht es unter besonderem Schutz.

Für die Erhaltung haben Umweltschützer einige tausend unentgeltliche Arbeitsstunden geleistet und in Teilbereiche des Geländes eine Spezialfolie eingearbeitet, die dafür sorgt, dass das Wasser nicht mehr ungehindert aus dem Moor abfließen kann.

Sie können das Naturschutzgebiet zu Fuß oder mit dem Rad erkunden. Achten Sie dabei auch auf die historischen Grenzsteine. Sie tragen auf niederländischer Seite das geldersche Löwenwappen sowie die Jahreszahl 1766 und auf deutscher Seite das Wappen des Fürstbischofs von Münster. Die „Versteinung der Grenze", also das Aufstellen der Grenzsteine, geschah im Nachgang zum Burloer Kovent im Oktober des Vorjahres im Kloster Mariengarden.

Halten Sie sich nun leicht links auf Entenschlatt und fahren Sie vorbei an Wäldern, Wiesen und Äckern bis Voßkamps Diek. Biegen Sie hier rechts ab, um dann links auf einen Schotterweg einzubiegen. Nach 80 Metern folgen Sie dem Radweg bis zur Kreuzung Vennweg. Rechts erreichen Sie nach 100 Metern den Ausgangspunkt Ihrer Tour.

Der typisch westfälische Bauernhof aus dem 18. Jahrhundert war weitgehend verfallen. Er wurde vom Heimatverein an seinem früheren Standort fachmännisch abgetragen, zunächst eingelagert und dann in Burlo wiederaufgebaut. Dabei leisteten auch die Mitglieder anderer örtlicher Vereine tatkräftige Unterstützung. Heute finden hier im Heimathaus Veranstaltungen aller Art statt.

Gastronomie:

Hotel & Restaurant Roerdinkhof
Roerdinkweg 1
7108 AZ Winterswijk-Woold
Tel.0031 543/564586
www.roerdinkhof.nl

Ziegenkäserei De Brömmels
Meerdinkweg 5
7108 BJ Winterswijk-Woold
Tel.031 543/564518
www.brommels.nl

Weideterras Kötters
Oude Bocholtsebaan 15
7108 AV Winterswijk-Woold
Tel. 0031 543/451116

Tour 4

- Startpunkt
- Zielpunkt
- Garten
- Gastronomie
- Wanderstrecke
- Freizeitspaß
- Aussichtspunkt
- Naturerlebnis
- Sehenswürdigkeit

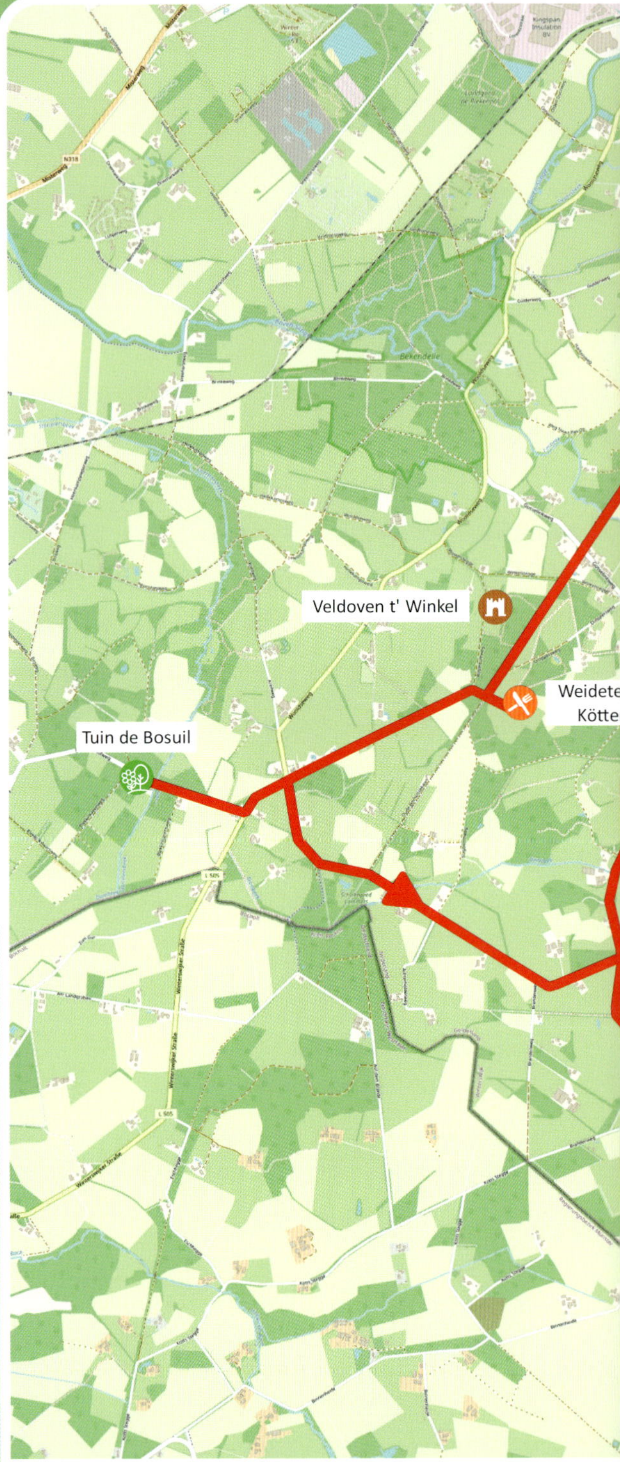

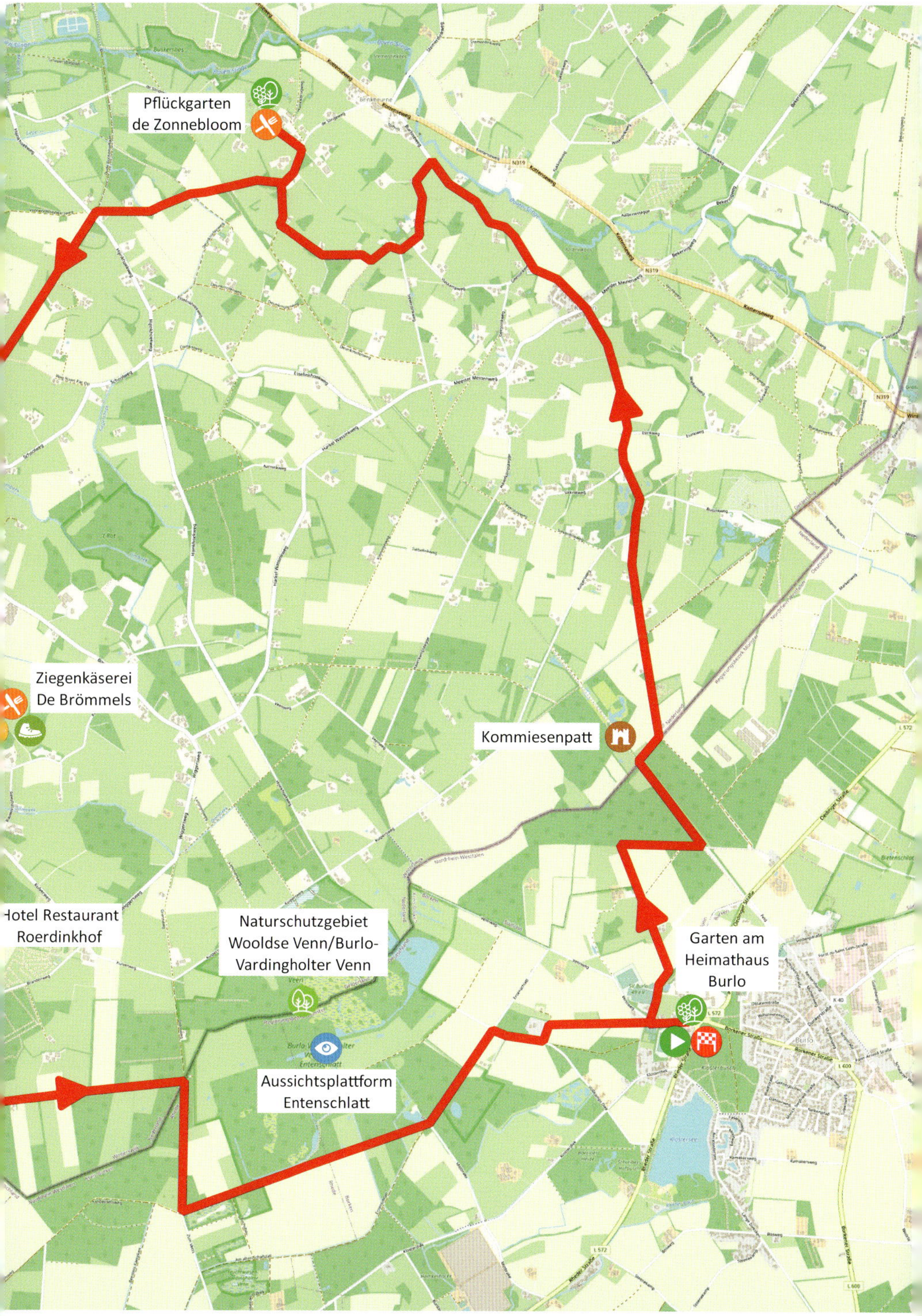

Pflückgarten
de Zonnebloom
Ziegenkäserei
De Brömmels
Kommiesenpatt
Hotel Restaurant
Roerdinkhof
Naturschutzgebiet
Wooldse Venn/Burlo-
Vardingholter Venn
Garten am
Heimathaus
Burlo
Aussichtsplattform
Entenschlatt

Gartenkunst & blühende Kreativität

Von Schloss Anholt nach Breedenbroek

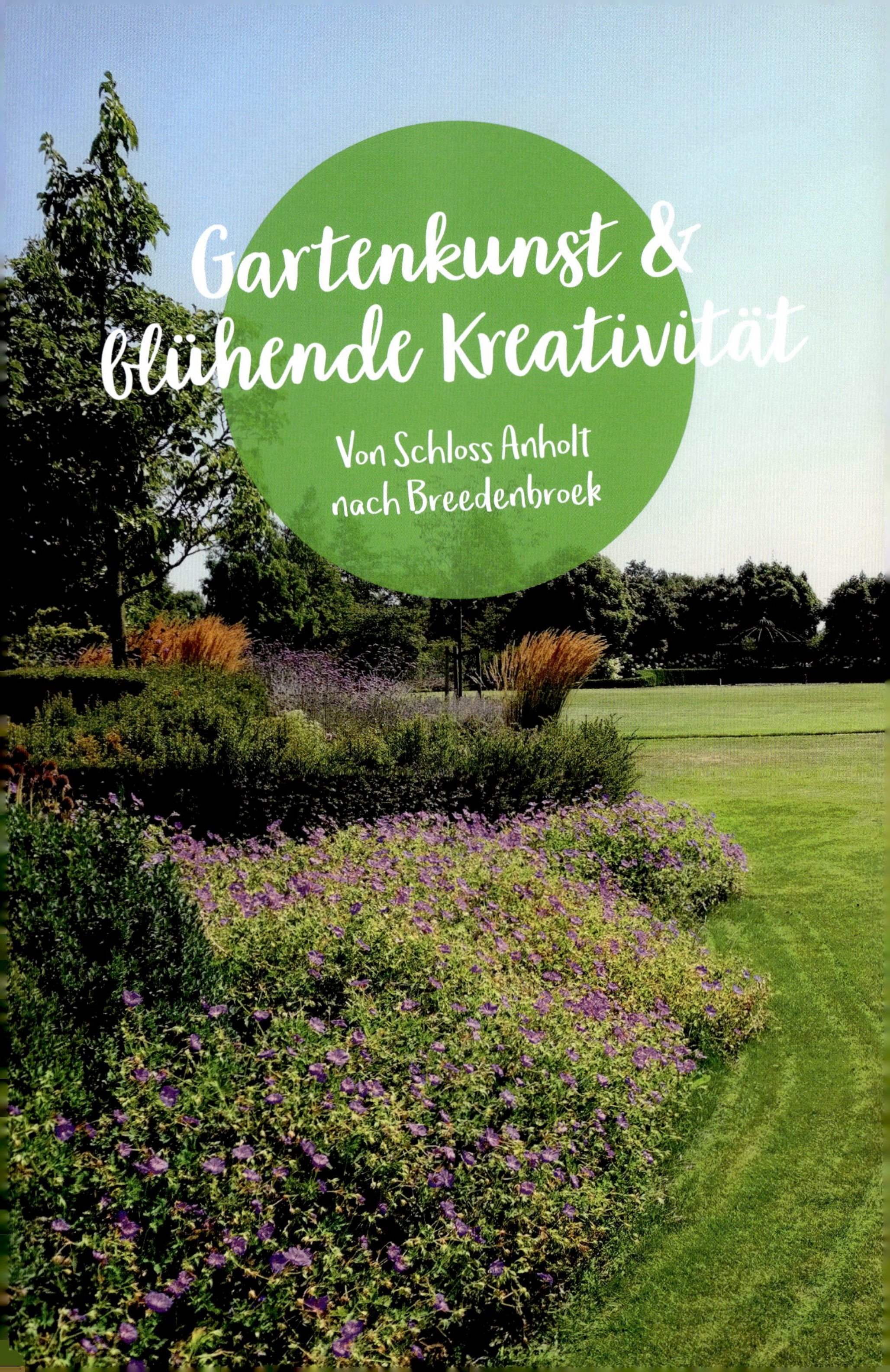

Auf dieser Tour tauchen Sie ein in die adelige Gartengeschichte Deutschlands und der Niederlande und bekommen die Gelegenheit, klassische mit moderner Gartenkunst zu vergleichen. Sie radeln durch Waldabschnitte, über Feldwege und angenehme Radwege entlang kleinerer und größerer Landstraßen sowie durch Dörfer und Gemeinden. Die weitläufige Natur gerät dabei nie aus dem Blickfeld, die meiste Zeit sind Sie mittendrin. Übrigens kann es durchaus passieren, dass Sie die deutsch-niederländische Grenze überqueren, ohne es zu merken. Ein kleiner Tipp: Die Farbe der Nummernschilder auf den Autos in den Einfahrten hilft bei Fällen leichterer Orientierungslosigkeit sofort weiter.

Die Gärten, die Sie auf dieser Tour besichtigen können, sind durchweg von hohem gestalterischem Niveau sowie von einer gewissen Weitläufigkeit geprägt – wenn auch in ganz unterschiedlichen Dimensionen. So bieten die Wasserburg Anholt und das Herrenhaus Landfort neben ihren Gärten auch Parkanlagen, die zum Lustwandeln einladen und zum Träumen animieren. Die Privatgärten Wissing und De Schoppe zeigen auf sehr unterschiedliche Weise, wie sich große Grundstücke ansprechend gestalten lassen – mal verwinkelt urig, mal großflächig und offen.

Tour 5

1:25 Std. | 26,2 km | 50 Meter

Start/Ziel: Wasserburg Anholt, Schloß 2, 46419 Isselburg-Anholt (Kostenpflichtige Parkplätze; Sie finden auch Parkplätze in der unmittelbaren Umgebung im Ort)

Anreise mit ÖPNV: Fietsenbus 61 aus Bocholt oder Rees, Haltestelle Schloss Anholt

Wegbeschaffenheit: asphaltierte Landwirtschaftswege und ausgebaute Radwege, kurze Strecken über gut befahrbaren Kies

Wegbeschreibung: Den Ausgangspunkt dieser ereignisreichen Tour bildet die Garten- und Parkanlage der Wasserburg Anholt in Isselburg. Bevor Sie sich den romantischen Radstrecken hingeben, können Sie hier auf den Spuren alter Fürsten und jüngerer Fernsehfiguren flanieren – dabei ist es nicht ausgeschlossen, dass Sie sich ganz unvermittelt selbst in einer Filmszene wähnen, von so entrückter Schönheit sind die majestätischen Arrangements, die die Wasserburg umgeben.

Wasserburg Anholt und Parkanlage

Wussten Sie, dass eine Burg dem Schutz dient, während ein Schloss einen Wohnsitz beschreibt? Es ergibt durchaus Sinn, dass die Begriffe Wasserburg Anholt und Schloss Anholt abwechselnd gebraucht werden. Die Ursprünge der Wasserburg liegen in einem Wehrbau zur Sicherung der Besitztümer des Hochstifts Utrecht aus dem 12. Jahrhundert. Sie erkennen daran, wie eng die Geschichte dieses Teils des Münsterlandes mit der der heutigen Niederlande verknüpft ist. Nach deutlichen Erweiterungen dieses Wehrbaus im 14. Jahrhundert erfolgte um 1700 der Ausbau zu einer repräsentativen Barockresidenz mit Schlosscharakter. Samt seiner Außenanlagen ist das gesamte Anwesen von solch ikonischem Charakter, dass es immer wieder auch für Film- und Fernsehproduktionen genutzt wird. So wurde in den 1980er Jahren ein Großteil der Kultserie „Rivalen der Rennbahn“ hier gedreht. Heute beherbergt die Burg neben den Privaträumen des Fürsten zu Salm-Salm die größte historisch gewachsene private Bildersammlung Nordrhein-Westfalens mit über 700 Gemälden sowie ein Hotel mit Restaurant samt Wasserpavillon und zwei großen Terrassen sowie einen Golfclub.

Die ersten Gärten der Burg Anholt stammen aus dem 18. Jahrhundert und wurden nach dem barocken Vorbild französischer Gartenkunst angelegt – man spricht deswegen vom Barockgarten. Dieser ging aus dem Renaissancegarten italienischen Ursprungs hervor und zeichnet sich bis heute durch seine strengen symmetrischen Linien aus – man denke an die Anlage von Schloss Versailles, dessen Gartenarchitekt André le Nôtre auch als Begründer des Barockgartens gilt. Der Begriff Gartenkunst ist dabei durchaus wörtlich zu nehmen. Denn mit dem Barockgarten erreichte die Gartengestaltung erstmals eine Gleichstellung mit anderen Kunstgattungen. Heute zählt sie neben Design, Keramik, Kunsthandwerk und der Glaskunst zu den angewandten Künsten. Die anholtsche Gartenanlage vermittelt einen fantastischen Eindruck davon, warum das so ist. Mit ihren kräftigen Farben, klaren Linien, Wasserspielen und Skulpturen bietet die Gartenanlage mit jedem Schritt eine neue faszinierende Perspektive auf das Schloss und seine Einbettung in die Natur. Der an die Gartenanlagen anschließende Park lädt Sie zu einer Spaziertour von bis zu einer Stunde ein – auch hier begegnen Ihnen immer wieder elegant arrangierte Landschaftsabschnitte aus Wasser, Wiesen, Bäumen und Pflanzen.

Außergewöhnliche Bänke im Schlossgarten

Park- und Gartenanlage sind täglich zwischen 10:00 und 17:00 Uhr geöffnet, die Kasse von 10:30 bis 16:30 Uhr. Sie können auch online ein Ticket kaufen und dann an der Drehtür zur Garten- und Parkanlage einscannen.

Schloss Anholt, Schloß 2, 46419 Isselburg-Anholt, Tel. 02874/900890 (Hotel Tel. 02874/4590), www.wasserburg-anholt.de

Schloss Anholt diente 2011 in der WDR-Produktion „Aschenputtel" als Kulisse für das Königsschloss.

Brunnen und Teiche galten in barocken Zeiten als Ausdruck von Reichtum.

Tipp

Anholter Schweiz

Seitdem die Grafschaft Anholt im Jahr 1647 dem Reichsgrafen Leopold Philipp Karl zu Salm übertragen wurde, befinden sich Schloss und Gut Anholt im Besitz des Hauses Salm-Salm. Zwischen 1882 und 1900 ließ Leopold zu Salm-Salm im südlichen Teil der Außenanlagen von Schloss Anholt den Leopoldspark nach dem Vorbild des Vierwaldstättersees anlegen – als Geschenk für seine Frau, die sich auf der gemeinsamen Hochzeitsreise in die Schweizer Natur verliebt hatte. Es entstand ein von einer künstlichen Felslandschaft umgebener Miniatursee, dessen Zentrum ein echtes Schweizerhaus auf einer Halbinsel bildet. Heute ist dieser gesamte Teil der Anlagen abgetrennt und innerhalb des Wildparks Anholter Schweiz zu bestaunen. Der Abstecher dorthin ist uneingeschränkt empfehlenswert, denn es erwartet Sie ein wunderschöner, ganzjährig geöffneter Wildpark mit ganz eigener Atmosphäre, 6 Kilometern begehbarer Wege und um die 50 Tierarten.

Schweizer Häuschen und Bären in der Anholter Schweiz

Verlassen Sie das Gelände über den Ausfahrtsweg „Schloß“ und biegen Sie auf der Klever Straße nach links ab. Nach 50 Metern geht es nach rechts auf die Straße Nieder-Issel, die ein kurzes Stück entlang der Issel führt, einem Fluss, der in Raesfeld entspringt und in

Doesburg in den Niederlanden in die IJssel mündet. Nach 140 Metern biegen Sie erneut links ab. Sie haben nun die Stadt hinter sich gelassen und radeln über Feldwege, die in einen urigen Waldabschnitt führen. Biegen Sie nach links auf die Buchenallee und dann sofort nach rechts auf den Grensweg ab und folgen Sie den Schildern Richtung Megchelen, bis Sie das Ortschild passieren. Megchelen ist ein auffallend gepflegtes Tausend-Seelen-Dorf, das in die umliegende Landschaft hineinzuwachsen scheint mit seinen vereinzelten Wohnhäusern und Höfen, die eine bescheidene Zufriedenheit ausstrahlen. Hier blökt eine Ziege, dort wiehert ein Pferd, es duftet nach Wiese und Heu, während man auf asphaltierten Radwegen durch die Felder gleitet. Direkt hinter dem Ortsschild biegen Sie rechts auf den Geerdink-Johanninkweg ab. An der folgenden Weggabelung geht es nach rechts auf den Julianaweg. Nach ungefähr 500 Metern erreichen Sie das erste Etappenziel, den Garten des Gärtners und Gartendesigners Nico Wissing, gelegen zu Ihrer Rechten, Hausnummer 22.

Grüne Visionen im Garten Wissing

Der niederländische Gärtner und Gartendesigner Nico Wissing gilt in der Gartenwelt als „Grüner Visionär". Er hat sich über die Grenzen hinaus einen Namen gemacht und wird weltweit nach Rat und Ideen gefragt. Fotos seiner Arbeiten werden regelmäßig in Magazinen veröffentlicht. Das hängt sicherlich damit zusammen, dass er es auffallend gut versteht, moderne und nachhaltige Konzepte zu entwickeln, ohne dabei die ästhetischen Aspekte aus den Augen zu verlieren. Sein eigener Garten am Rande der Gemeinde Megchelen kann als konkrete Umsetzung seiner Visionen betrachtet werden. Das romantische, von Buchenhecken eingefasste Grundstück erstreckt sich über 2,8 Hektar und bietet auf bis zu

Auch unter den sich ändernden Bedingungen infolge des Klimawandels soll der Garten strahlen. Der „Grüne Visionär" Nico Wissing sucht immer nach neuen Ideen und Pflanzenarten für seine Kreationen.

800 Quadratmetern Staudenrabatten und Staudenrasen. Kleinere Wasserläufe, feste Wege, eine durch Kastanienzäune umgebene Eselswiese sowie ein 900 Quadratmeter großer Naturteich komplettieren das Gesamtkunstwerk, eine eigene kleine grüne Welt, in der man dem Trubel des Alltags entfliehen, am Wasser entspannen und die vielen Farben beim Flanieren in Ruhe auf sich wirken lassen kann. Dann und wann läuft ein gackerndes Huhn über den Weg. Wer den Blick hebt, erkennt die Weite der umliegenden Landschaft. In einem Schuppen am Rande des Gartens kann man sich außerdem über die Arbeiten von Nico Wissing informieren.

Garten Wissing, Julianaweg 22, 7078 AR Megchelen,
Tel. 0031 881/001880, www.nicowissing.com

Hier leben Mensch und Natur im Einklang.

Nach diesem Gartenerlebnis geht es weiter auf dem Julianaweg, beim Verlassen der Einfahrt also nach rechts, auf separaten Radwegen entlang einer Straße durch weitläufige Felder. Nach einer Weile geht der Julianaweg über in den Zwanenburgseweg, kurz darauf biegen Sie links in den Landfortseweg ein. Folgen Sie diesem Feldweg ungefähr einen halben Kilometer; er führt direkt auf Haus Landfort zu.

Haus Landfort

Nachdem Sie mit dem Besuch im Garten Wissing quasi einen Zwischenstopp in der Moderne hinter sich haben, nimmt Sie Huis Landfort wieder mit in die Vergangenheit. So stammt die älteste Erwähnung dieses ehemaligen Herrensitzes aus dem Jahr 1434. Auch wenn das Gebäude deutlich kleiner ist als die Wasserburg Anholt, umweht diese Anlage ebenfalls eine durch und durch schlossgleiche Atmosphäre. Das im Zweiten Weltkrieg stark beschädigte Anwesen, das nach mehreren Verkäufen eine Zeit lang etwas vernachlässigt wurde, blüht neu auf, seitdem die „Stiftung Erfgoed Landfort" das Gut im Jahr 2017 übernahm. Eingebettet in

Haus Landfort wurde zwischen 1823 und 1827 umgebaut und erhielt dabei seine heutige Form.

die Natur des Gelderlands, umgeben von Wald, einer wunderschönen Parkanlage, die im Jahr 1825 von dem Landschaftsarchitekten Jan David Zocher Jr. angelegt wurde, und verschiedenen äußerst ansprechenden Gartenanlagen, öffnet sich Ihnen zur Rechten der Blick über den eleganten Hof auf das herrschaftliche Gebäude. Gegenüber liegt das Verwalterhaus. Während sich daran angrenzend ein weitläufiger Gemüse- und Blumengarten mit Fischteich befindet, erstreckt sich hinter dem Herrenhaus die Parkanlage mit ihren kleinen Gartenabschnitten, Wasserläufen, Brücken und Nebengebäuden. Die Stiftung arbeitet daran, dem Park wieder den

Charakter eines Landschaftsgartens aus dem neunzehnten Jahrhundert zu verleihen. Dazu wird die ursprüngliche Vielfalt an Bäumen und Pflanzen wiederhergestellt. Gärtner arbeiten fleißig, es wird begutachtet, geplant und gepflanzt. Somit ist gewiss, dass sich ein Besuch nicht nur jetzt, sondern auch in der Zukunft immer wieder mal lohnen wird, weil hier mit sehr viel Liebe zum Detail an der Rekonstruktion alter Pracht gearbeitet wird.

Haus Landfort, Landfortseweg 4,
7078 BT Megchelen, Tel. 0031 315/377777,
www.erfgoedlandfort.nl

Nachdem Sie sich hoffentlich staunenden Auges eine Weile die Füße vertreten haben, geht es mit dem Rad über den Landfortseweg wieder zurück zum Zwanenburgseweg, auf dem Sie nach rechts abbiegen. Nach einer Weile passieren Sie das Ortsschild Gendringen. Biegen Sie daraufhin nach rechts auf den Anholtseweg und sofort wieder nach links auf den Langenhorstweg ab. Bei nächster Gelegenheit geht es leicht nach rechts auf einen wunderschönen, asphaltierten Radweg durch die Felder. Zu Ihrer Rechten fließt nun wieder die Issel, durch die an dieser Stelle die deutsch-niederländische Grenze verläuft. Vor Ihnen taucht eine kleine Brücke auf, die nach rechts über die Issel führt. Schieben Sie Ihr Rad über die Brücke und radeln Sie danach auf einen sehr schönen Radweg aus festem Kies, der wie eine Art Mini-Allee geradezu putzig anmutet. Nach 120 Metern biegen Sie rechts ab. Sie kommen nun auf einen Abschnitt, der etwas holpriger ist. Für etwa 50 Meter sollten Sie nicht zu schnell fahren, da hier und da Kieshügelchen und Wurzelwerk lauern.

Nach diesem kurzen Abenteuer biegen Sie rechts auf den Bosweg, einen angenehm asphaltierten Radweg. Um auf dem Weg zu bleiben, biegen Sie nach 50 Metern links ab. Ihre Reifen bewegen sich nun wieder über gut befahrbaren festen Kies. Am Ende dieses Wegs biegen Sie links ab auf den Beekweg. An der folgenden Weggabelung geht es nach rechts auf den Engbertsweg. Sie fahren jetzt über ein kleines Gewässer: die Bocholter Aa. Weiter geht es jetzt auf separaten Radwegen neben einer Landstraße, die durch weite Feldlandschaften führt. Sie gelangen an einen Kreisverkehr, wonach Sie geradeaus weiter den Molenweg nehmen, der in eine Allee übergeht. Auf der linken Seite, an der Hausnummer 18, sehen Sie nun den Selbstbedienungsrastplatz De Langenbrinck, der sich anbietet, wenn Sie sich nach der bisherigen

Tour bei Kaffee und Kuchen mitten in schönster niederländischer Ländlichkeit ein wenig stärken möchten.

Tipp

De Langenbrinck Eerlijk Heerlijk

Genau so stellt man sich einen Rastplatz auf einer Radtour durch den Achterhoek vor. Hier können Sie in einem rustikalen Garten eine kleine Pause einlegen und das bisher Gesehene Revue passieren lassen. Sie betreten zunächst eine sehr urige Scheune, die typisch holländisch äußerst liebevoll eingerichtet wurde. Sie finden Kaffee, Softgetränke, Kuchen und viele weitere Leckereien. Bedienen Sie sich und hinterlegen Sie den ausgewiesenen Geldbetrag in einer dafür vorgesehenen Kassette. Dann suchen Sie sich in dem Garten vor der Scheune ein angenehmes Plätzchen, wahlweise in der Sonne oder im Schatten – beides gibt es hier zu Genüge –, lassen Sie die Seele baumeln und den Blick in die Weite schweifen. Übrigens gehört zu diesem Hof auch ein großer Gemüsegarten, dessen Produkte hier verkauft werden. Sollten Sie also noch Platz in Ihrer Radtasche haben, gönnen Sie sich doch frisches Gemüse für den Genuss zu Hause. Und wenn Sie sich besonders für Gemüsegärten interessieren, können Sie mit Vorausbuchung an einer Führung teilnehmen.

Bauernhaus „De Langenbrinck", Molenweg 18, 7084 AV Breedenbroek, Tel. 0031 627/163432, www.delangenbrinck-eerlijkheerlijk.nl

Nach Ihrer Verschnaufpause fahren Sie weiter nach links den Molenweg entlang. Zu Ihrer Rechten unterstreicht die Windmühle De Kempermolen das niederländische Flair dieser Gegend. Kurz darauf biegen Sie nach rechts ab auf die Straße Den Dam und folgen den Schildern nach Breedenbroek und Dinxperlo. Eine Brücke führt sie über den Bach Keizersbeek, direkt danach biegen Sie links ab auf den Radweg, der entlang des Bachs führt. Sie gelangen an eine Weggabelung, bei der Sie nach links abbiegen auf den Luimesweg. An der nächsten Weggabelung geht es wieder nach links, und so bleiben Sie auf dem Luimesweg, einem sehr schönen asphaltierten Pfad über Felder und durch Alleen. Nach wenigen Metern befindet sich auf der rechten Seite das Anwesen „De Schoppe" mit seinem beeindruckenden Landschaftsgarten. Sie haben Ihr nächstes Etappenziel erreicht.

Landshappelijke Tuin De Schoppe

Was ursprünglich nicht von der umliegenden Wiesen- und Ackerlandschaft zu unterscheiden war, wurde im Laufe der vergangenen 15 Jahre von Wendy Westdijk-Massop und Teun Westdijk zu dem beeindruckenden Landschaftsgarten „De Schoppe" umgearbeitet, der im Grunde aus mehreren Gärten besteht. Wenn man am Wohnhaus vorbei nach hinten spaziert, nimmt man unterschiedliche Bereiche mit jeweils ganz eigenem Charakter wahr. Das Herzstück aber liegt hinter dem Haus und ist ein besonders weitläufiger Garten, bei dem sich viele kleinere Abschnitte um eine sehr große Wiese gruppieren – damit Sie sich die Dimensionen ein bisschen besser vorstellen können, denken Sie am besten an ein halbes Fußballfeld. Entlang der einen Seite verläuft ein Zaun, dahinter weiden Kühe und wirken fast wie ein Teil des Arrangements. Auf akkurate Gartenkreationen stößt die lebendige Natur der umliegenden Landschaft, das eine verschmilzt mit dem anderen zu einem einzigartigen Gartenerlebnis.

Landschaftsgarten De Schoppe, Luimesweg 1, 7084 BE Breedenbroek, Tel. 0031 620/031515, www.schoppe.nl

Sie verlassen das Anwesen zunächst in die Richtung, aus der Sie gekommen sind, auf dem Luimesweg, halten sich dann nach wenigen Metern links und gelangen so auf die Straße Lemenhorst, die später zu Den Dam wird. Um weiter auf Den Dam zu bleiben, biegen Sie rechts ab und fahren bis zur Weggabelung. Hier biegen Sie links ab, aber Vorsicht – dies ist eine Straße, auf der Autos etwas schneller angebraust kommen, als man es in dieser landschaftlich reizvollen Umgebung erwartet. Fahren Sie, bis Sie das Ortsschild Breedenbroek passieren und biegen Sie kurz darauf an der Gabelung links ab. Sie befinden sich immer noch auf der Straße Den Dam. Nach wenigen Metern biegen Sie wieder links ab auf den Terborgseweg, dann rechts ab

Ein Naturtheater im wahrsten Sinne des Wortes: Immer wieder öffnen Vorhänge aus Blättern und Pflanzen die Sicht auf neue spannende Motive.

auf de Bakkerskampstraat und am Ende der Straße links auf Krommenhorst. Halten Sie sich rechts auf Krommenhorst, während Sie durch eine beschauliche Wohngegend radeln, und biegen Sie schließlich rechts ab auf die Straße Bohnenweide, die später zu Beggelderdijk wird. Hier verlassen Sie Breedenbroek. Kurz darauf erreichen Sie das Städtchen Dinxperlo. Wenn Sie an einem Freitag unterwegs sind, sollten Sie sich den hiesigen Wochenmarkt nicht entgehen lassen.

Lesen Sie dazu den ausführlichen Tipp in Tour 6.

Der 1,5 Kilometer lange Barfußpfad jenseits der IJssel ist ein Spaß für Groß und Klein.

Biegen Sie kurz nach dem Ortsschild rechts ab auf den Rietstapperweg und kurz darauf wieder links. Über einen kleinen Weg geht es auch schon wieder raus aus Dinxperlo. Sie radeln nun auf ein großes Feld zu, vor dem eine Straße verläuft. Das ist der Anholtseweg. Biegen Sie hier zunächst rechts, später dann links ab, um auf dem Anholtseweg zu bleiben. Sie passieren erneut die deutsch-niederländische Grenze, und zwar an einem historischen Grenzübergang, an dem Relikte wie ein alter Schlagbaum und ein Schild der Bundesrepublik Deutschland im Vintage-Stil an die Geschichte erinnern.

Die sogenannte Dinxperloer Gemütlichkeit durchweht den Wochenmarkt.

Sie überqueren die Bocholter Aa. Biegen Sie danach rechts ab auf Hahnerfeld. Sie befinden sich nun auf der Zielgeraden in Richtung Isselburg. Nach ungefähr 3 Kilometern passieren Sie das Ortsschild. Halten Sie sich im Ort leicht links auf der Hauptstraße und biegen Sie am Ende links ab auf die Klever Straße. Nach wenigen Metern taucht auf der linken Seite die Wasserburg Anholt auf, Sie haben Ausgangs- und Zielpunkt erreicht.

Der Garten ist immer als Teil des architektonischen Gesamtkonzeptes einer barocken Schlossanlage zu betrachten.

Gastronomie:

Bauernhaus „De Langenbrinck“
Molenweg 18
7084 AV Breedenbroek
Tel. 0031 627/163432
www.delangenbrinck-eerlijkheerlijk.nl

Hahnerfelder Bauerncafé
Hahnerfeld 9
46419 Isselburg
Tel. 02874/1367 oder 9059193
www.hahnerfelder-cafe.de

Schloss Anholt
Schloß 2
46419 Isselburg -Anholt
Tel. 02874/4590
www.schloss-anholt.de

Tour 5

- Startpunkt
- Zielpunkt
- Garten
- Gastronomie
- Sehenswürdigkeit
- Freizeitspaß
- Naturerlebnis

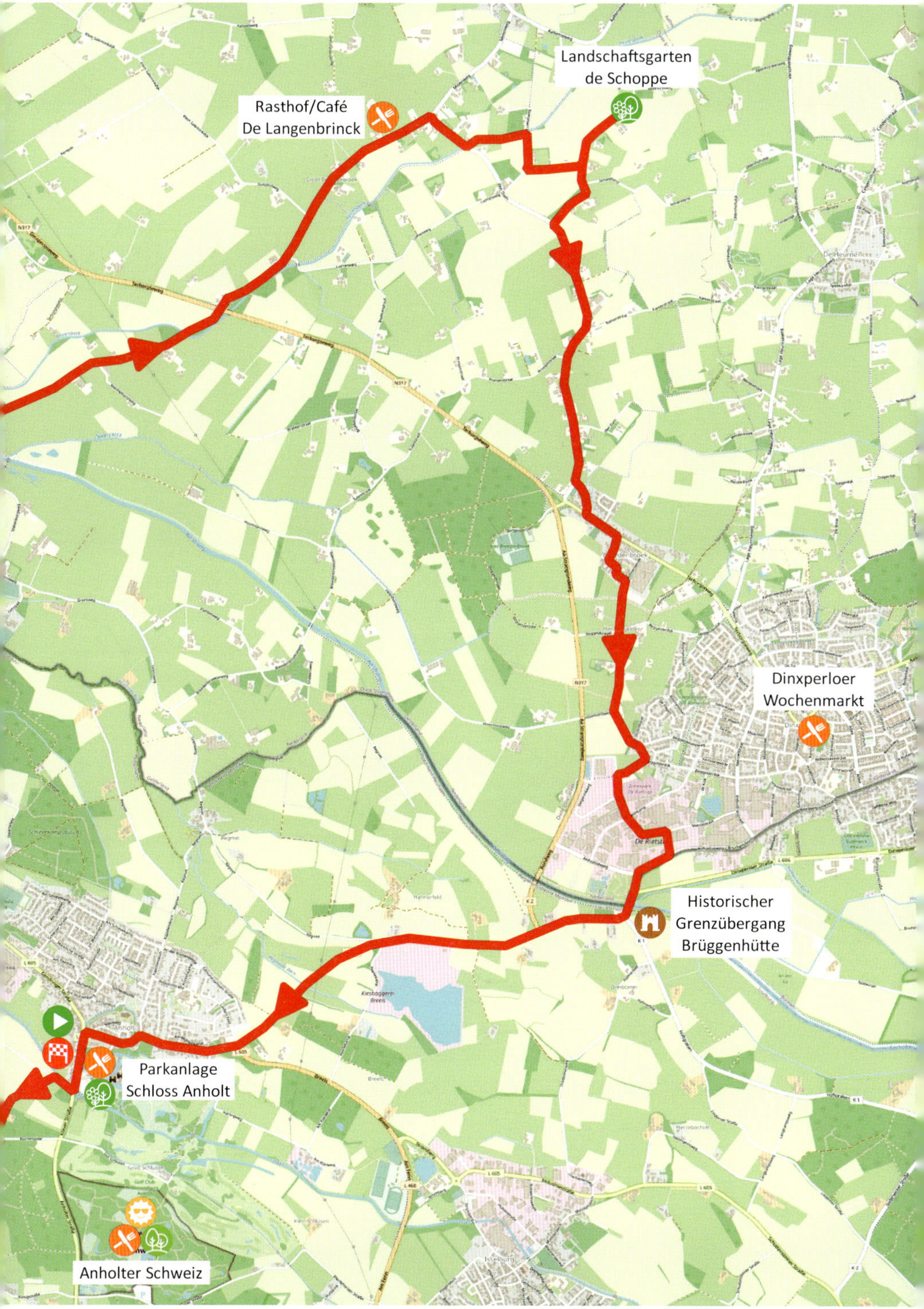

Landschaftsgarten
de Schoppe
Rasthof/Café
De Langenbrinck
Dinxperloer
Wochenmarkt
Historischer
Grenzübergang
Brüggenhütte
Parkanlage
Schloss Anholt
Anholter Schweiz

Prachtvolles Design & farbenfrohe Vielfalt

Gartenträume am grünen Band der Bocholter Aa

Die Bocholter Aa, auf Niederländisch Aa-Strang, ist ein Nebenfluss der Issel. Auf dieser Tour werden Sie wunderschöne Alleen, Wald- und Feldwege befahren und einen größeren Abschnitt entlang dieses äußerst gemächlich dahinfließenden Flusses radeln. Der gesamte Weg entlang der Bocholter Aa ist Teil der Aa-Route und bietet Radfahrern somit durchweg bestmögliche Bedingungen: Hier verläuft alles eben, und es gibt genügend Ausweichmöglichkeiten. Zudem sind regelmäßig Bänke, teilweise in Form von wellenförmigen Sonnenliegen, aufgestellt.

Tour 6

1:46 Std. | 31,7 km | 40 Meter

Start/Ziel: Gut Heidefeld, Am Wielbach, 46399 Bocholt

Anreise mit ÖPNV: mit dem Zug zum Bahnhof Bocholt, von da aus 20 Minuten mit dem Rad

Wegbeschaffenheit: asphaltierte Landwirtschaftswege und gut ausgebaute Radwege, wenige Feldwege

Wegbeschreibung: Start und Ziel dieser Tour ist Gut Heidefeld am äußersten Rand des Bocholter Stadtteils Spork in einer ländlichen Wohngegend. Von der Dinxperloer Straße aus können Sie schon einen Blick in das bunte Paradies werfen, mit dem dieser Gartentag beginnen soll. Die Zufahrt zu Park und Café erfolgt auf der Rückseite des Geländes über den Heidefeldweg und die Straße Am Wielbach.

Gut Heidefeld

Im Jahr 1813 wurde auf dem Landgut des Obristleutnants und Landwirts Friedrich Wilhelm von Hamelberg in der damals noch eigenständigen Gemeinde Spork der Bau des Herrenhauses fertiggestellt. Weil das Gut von Heideland umgeben war, nannte er es „Heidefeld". Über die Jahre wechselte das Gut per Vererbung und Versteigerung mehrfach seine Besitzer und überlebte so in teilweise wechselnder Form bis in die 60er Jahre des vergangenen Jahrhunderts. Von da an lag es eine Zeit lang brach. Nach dem jüngsten Eigentümerwechsel wurde das Anwesen in den 2010er Jahren renoviert und zu dem heutigen Hotel- und Gaststättenbetrieb umgenutzt. Dazu gehört auch die rund 7000 Quadratmeter große Fläche, die einst die Obstwiese des Guts ausmachte: Aus dieser Fläche entstand ein wundervoller Park im Stil englischer Garten- und Parkanlagen des 19. Jahrhunderts mit 2000 verschiedenen Pflanzenarten. Ein Großteil des Baumbestands der früheren Obstwiese wurde in den neuen Garten integriert. Den lebendigen Mittelpunkt der Anlage bildet ein Naturteich mit einer Wasserfontäne, umrahmt von einem Bach, einem kleinen Wasserfall und Seepflanzen.

Auf Ihrem Spaziergang durchschreiten Sie einen von Kamelien und Lorbeerrosen durchwirkten Rhododendrongang. Neben vielen kleinen Gängen, Wegen und Wasserläufen sowie der üppigen Pflanzenvielfalt gibt es ein viktorianisches Gewächshaus, die sogenannte Orangerie, in der die zahlreichen Kübelpflanzen der Gartenanlage überwintern. Auf einer Anhöhe, von der Sie den gesamten Park überblicken können, befindet sich ein Teehaus. Unter einer Trauerweide können Sie auf einer Rundbank verweilen und die gesamte Schönheit dieser exotisch-lebendigen Pflanzenwelt auf sich wirken lassen. Das Team im ehemaligen Herrenhaus Heidefeld erwartet Sie anschließend gerne zu einer Erfrischung oder zum Mittagessen.

Garten Gut Heidefeld, Am Wielbach 7c, 46399 Bocholt,
Tel. 02871/2749115, www.gutheidefeld.de

Verlassen Sie das Gut Heidefeld über die Ein-/Ausfahrt, fahren Sie nach rechts auf die Straße Am Wielbach und biegen Sie nach gut 200 Metern nach links ab auf die Straße Am Steggenkamp, die Sie heraus führt aus dem Bocholter Stadtteil Spork und hinein in die Natur. Sie gleiten nun auf einem asphaltierten Weg zwischen Feldern und Bäumen dahin und kreuzen nach einem halben Kilometer die

Viktorianische Gewächshäuser sind für ihre Kapellenform bekannt.

Sporker Ringstraße. Am Steggenkamp wird hier zur Straße Bettingbusch, dieser folgen Sie insgesamt 3,5 Kilometer, auch dann, wenn Sie später übergeht in Am Reyerdingsbach. Der typisch achterhoek'sche Mix aus Feldern samt leuchtender Sonnenblumen, Alleen, Waldabschnitten, vereinzelten Wohnhäusern und Höfen umgibt Sie, während Sie weiter auf einem asphaltierten Weg dahinradeln. Kurz vor dem Ende der Straße biegen Sie rechts ab auf einen kleinen romantischen Radweg in Richtung Snijders Veerbeek und folgen diesem einen halben Kilometer. Schlängeln Sie sich dann nach rechts und wieder nach links über die schönen Kiesradwege. Schließlich gabelt sich der Weg, biegen Sie links ab und bleiben Sie für 2,5 Kilometer auf dem Hagtweg, bis Sie auf den Dinxperlosetraatweg gelangen, eine etwas größere Straße mit separaten Radwegen. Fahren Sie hier nach links.

Tipp

Wenn Sie an einem Freitag unterwegs sind, empfiehlt sich ein Abstecher zum Dinxperloer Wochenmarkt, der dann immer von 12 bis 19 Uhr stattfindet. Im Schatten der Dorpskerk, der Dorfkirche, werden hier frische Schnittblumen und ebenso frische Pommes sowie Obst, Gemüse, Käse und vielerlei andere Originalitäten mit unverkennbar niederländischem Flair angeboten. Der Markt reicht von der Raadhuisstraat über die Kerkstraat bis zur Doctor van der Meerstraat. 2018 erhielt der Wochenmarkt die Auszeichnung „Bester mittelgroßer Markt" der Niederlande. Er ist daher ein Anziehungspunkt für viele Gäste aus Deutschland, die sich einig sind: Wenn schon holländischer Wochenmarkt, dann bitte genau so! Lebhaft, bunt, ehrlich und mit extrem guten Preisen.

Kurz vor dem Ortsschild Dinxperlo biegen Sie rechts ab auf den Hoge Heurnseweg, der Sie wieder hinaus auf pittoreske Feldwege führt. Biegen Sie links ab auf Kalverweidendijk und bleiben Sie einen halben Kilometer auf dieser asphaltierten Allee. An der Kreuzung Hesselinkweg biegen Sie rechts ab auf einen sehr schmalen und ebenso schönen Kiesweg und folgen der Wegführung. Es geht dabei leicht nach rechts. Als nächstes biegen Sie links ab auf den Janspad (laut Google Maps heißt dieser Weg De Brink). Möglicherweise entdecken Sie an dieser Ecke einen antiken Schrank, der sich bei genauerem Hinsehen als Selbstbedienungströdelmarkt entpuppt, gefüllt mit vielen kleinen antiken Accessoires. Wie in einigen der in diesem Buch beschriebenen Einkehrmöglichkeiten vertrauen die Initiatoren auch hier ganz darauf, dass Radfahrer aufrichtig sind und bezahlen, auch wenn kein Kassierer da ist, der die Hand aufhält. Es ist zu hoffen, dass das Vertrauen nicht enttäuscht wird und dieser sympathische Gimmick ein Dauerbrenner wird, der viele Nachahmer findet.
Folgen Sie diesem kleinen Weg, der sich leicht nach rechts windet und nach einer Weile zu Stegerdijk wird. Sie nähern sich einer größeren Straße, dem Lage Heurnseweg. Biegen Sie rechts ab und folgen Sie der Straße einen halben Kilometer. Biegen Sie dann links zwischen zwei Weidenzäunen ab auf Weidenhoek und danach sofort wieder nach links. Jetzt geht es eine Weile durch einen wunderschönen Mix aus Wiesen, Feldern und Alleen, bis Sie zu einer Weggabelung gelangen. Biegen Sie hier rechts ab. An der nächsten Weggabelung geht es nach links auf Den Dam. Lassen Sie dabei ein wenig Vorsicht walten, es könnte auch mal ein schnelleres Auto vorbeikommen. Vor Ihnen taucht nun eine größere Straße auf, doch schon vorher biegen Sie rechts ab auf einen kleinen Radweg, dem Sie 350 Meter folgen. Sie gelangen dann auf Terborgseweg, eine größere Landstraße mit separaten Radwegen, und kurz darauf liegt zu Ihrer Rechten t'Meihuus mit seinem wildromantischen Garten.

Sie verlassen t' Meihuus, biegen rechts ab auf Terborgseweg und bleiben circa 4 Kilometer auf den Radwegen entlang dieser Land-

Landschapstuin 't Meihuus

„Der Landschaftsgarten 't Meihuus ist das ultimative Beispiel für einen Garten, in dem man die Natur sehen, fühlen, hören, riechen und schmecken kann." Mit diesen Worten zeichnete das renommierte und auch größte niederländische Gartenmagazin Groei & Bloei im Jahr 2019 den Landschaftsgarten 't Meihuus zum „besten lebenden Garten der Niederlande" aus. Bei der Wahl lag der Fokus auf Biodiversität. So wurde der Garten als Paradies für Pflanzen, Bienen, Vögel und Schmetterlinge gepriesen – sowie natürlich auch für Menschen.

Neben der Einfahrt begrüßt Sie eine üppige Wildblumenwiese. Und bevor Sie sich überhaupt in den eigentlichen Garten hinter dem Wohnhaus begeben, werden Sie einen Krötenteich und einen kleinen Laubwald entdecken und vielleicht schon auf einer der vielen Sitzgelegenheiten Platz nehmen – Schönheit soll man ja auf sich wirken lassen. Der vitale Charakter dieses umfangreichen Gartens kann sich so nach und nach ausbreiten. Hinter dem urigen Haus unterteilt sich die Fläche in einen Rosengarten, einen Gemüse-, einen Obst- und einen Präriegarten. Und einen weiteren Teich gibt es hier auch. Zum hinteren Ende läuft die Sichtachse auf eine Jahrhunderte alte Eiche zu, die majestätisch über dem Garten thront. Die große Vielfalt des 't Meihuus vermittelt tatsächlich den Eindruck von Lebendigkeit. Es kommt hier einiges zusammen, wild und romantisch wirkt der Garten, aber durch den sichtbar gepflegten Charakter und seine Frische selbst in den trockenen Sommermonaten, verliert er an keiner Stelle seine ästhetische Struktur. Sie werden sich hier sehr wohl fühlen und ganz sicher mehr als einmal ins Staunen geraten. Die relativ neuen Besitzer des 't Meihuus geben ihr Bestes, damit Sie sich willkommen fühlen. Und das merkt man.

Landschaftsgarten t´Meihuus, Terborgseweg 19,
7084 AD Breedenbroek, www.meihuus.nl

straße. Es geht durch einen Kreisverkehr, danach biegen Sie – um auf Terborgseweg zu bleiben – links ab. Sie passieren das Ortseingangsschild De Krotenhoek, danach verwandelt sich die Straße in einen sehr viel kleineren und beschaulicheren Radweg. Fahren Sie weiter geradeaus auf „Touristische Radweg", einem Kiesweg zwischen Feldern und Bäumen. Zu Ihrer Linken plätschert der Keyzersbeek, dem folgen Sie, bis vor Ihnen eine Brücke auftaucht, die Sie nach links über den Bach überqueren. Nun verläuft zu Ihrer Rechten die Bocholter Aa, die Sie im weiteren Verlauf der Tour noch länger begleiten wird. Überqueren Sie die Straße vor Ihnen und dann die Brücke über die Bocholter Aa nach rechts. Biegen Sie kurz darauf auf den Starkenborgweg ab, werfen Sie einen Blick auf die im Jahr 1867 erbaute Windmühle „Molen Van Hal"

Der Landschaftsgarten t'Meihuus hätte den Impressionisten Claude Monet ganz sicher über Wochen zu fesseln und zu inspirieren vermocht.

und biegen Sie an der Gabelung links ab auf den Grensweg. Am Plantenweg biegen Sie erneut links ab und am Breedenborgseweg abermals links ab. Sie nähern sich nun wieder der Bocholter Aa. Biegen Sie vor der Brücke rechts auf den Radweg ab, der parallel zu dem Fluss verläuft, und folgen ihm für knappe 2 Kilometer. Vor Ihnen taucht eine Brücke auf, die über eine größere Straße führt.

Abstecher

Hahnerfelder Bauernhofcafé

Für eine kleine Stärkung in dem Hahnerfelder Bauernhofcafé wird an dieser Stelle ein ganz kurzer, aber spannender Umweg nötig. Ungefähr 50 Meter vor der erwähnten Brücke biegen Sie scharf rechts auf einen kleinen Weg inmitten der Felder ab. Für wenige Meter wird der Weg etwas uneben, Sie befinden sich in tiefster Natur. Bereits nach 50 Metern führt der Weg Sie wieder heraus aus den Feldern, Sie halten sich links und haben Ihr Etappenziel, das Hahnerfelder Bauernhofcafé, erreicht.
Frische Luft, Bewegung, sinnliche Eindrücke – das kann in dieser Kombination schon mal den Appetit anregen. Eine Tasse Kaffee mit einem Stück selbstgebackenem Kuchen oder eine Wurstplatte mit hausgemachten Spezialitäten schafft da die willkommene Abhilfe. Und genau das ist es, was Sie im Hahnerfelder Bauernhofcafé erwartet. Wenn in Ihren Rucksäcken noch Platz ist, schauen Sie doch außerdem in dem Hofladen vorbei. Dort gibt es frische Eier von freilaufenden Hühnern, selbstgebackenes Brot, Marmeladen aus eigener Herstellung, frische Wurstwaren und weitere Leckereien, die sich auch prima als Mitbringsel eignen.
Hahnerfelder Bauerncafé, Hahnerfeld 9, 46419 Isselburg,
Tel. 02874/1367 oder 9059193, www.hahnerfelder-cafe.de

Bei gutem Wetter gibt es den Kaffee auf einer Wiese unter alten Obstbäumen.

Der Aa-Radweg wurde vom Allgemeinen Deutschen Fahrrad-Club als Qualitätsroute mit drei Sternen ausgezeichnet.

Der Aa-Radweg ist Teil der 460 km langen Route „Flusslandschaft“.

Wenn Sie das Café verlassen, biegen Sie auf der Straße nach rechts und nach circa 700 Metern, vor der Brücke, erneut nach rechts ab auf den Radweg entlang der Bocholter Aa. Nach wenigen Metern geht es auf einer Brücke nach links über die Bocholter Aa, dann halten Sie sich rechts und haben den Fluss nun zu Ihrer Rechten.

Tipp

Großblühfläche Suderwick

Wenn Sie, bevor Sie sich komplett dem Flow des Flusses hingeben, noch einmal die Lust auf eine blühende Farbenpracht verspüren, entfernen Sie sich an dieser Stelle ein Stückchen vom Fluss nach links und bestaunen Sie die im Winter 2021/22 neu angelegte „Großblühfläche Suderwick“. Im Rahmen des LEADER-Projekts Biodiversität wurde eine heimische Saatgutmischung entwickelt und hier auf einer 5500 Quadratmeter großen Fläche ausgesät. Entstanden ist eine riesige bunte Insektenspielwiese, die definitiv einen Abstecher wert ist.

Von der Großblühfläche kommend, zurück am Weg, der am Fluss entlangführt, folgen Sie nun einfach den Schildern in Richtung Bocholt immer geradeaus und genießen die besonders entspannende und beruhigende Fahrt am Wasser. Lassen Sie sich treiben, vielleicht machen Sie zwischendurch Halt und schauen in die weite Flusslandschaft.

In Bocholt angekommen gelangen Sie an ein großes Stahltor. Biegen Sie vor dem Tor links auf den etwas ruckeligen Feldweg ab, der aber bereits nach 30 Metern endet. Sie lassen also hier den Fluss hinter sich. Sie gelangen zur Sporker Ringstraße, auf die Sie links abbiegen. Fahren Sie an der Kreuzung Dinxperloer Straße nach rechts und kurz darauf nach links auf den Heidefeldweg. Vor Ihnen taucht nun ein Feld auf. Es verläuft entlang der Straße Am Wielbach. Biegen Sie rechts ab. Alsbald haben Sie Ihren Ausgangspunkt, das Gut Heidefeld, erreicht.

Gastronomie

Café Gut Heidefeld
Am Wielbach 7c
46399 Bocholt
Tel. 02871/2749115
www.gutheidefeld.de

Hahnerfelder Bauerncafé
Hahnerfeld 9
46419 Isselburg
Tel. 02874/13 67 oder
905 91 93
www.hahnerfelder-cafe.de

Diverse
auf dem Dinxperloer Wochenmarkt

Tour 6

Startpunkt

Zielpunkt

Garten

Gastronomie

Naturerlebnis

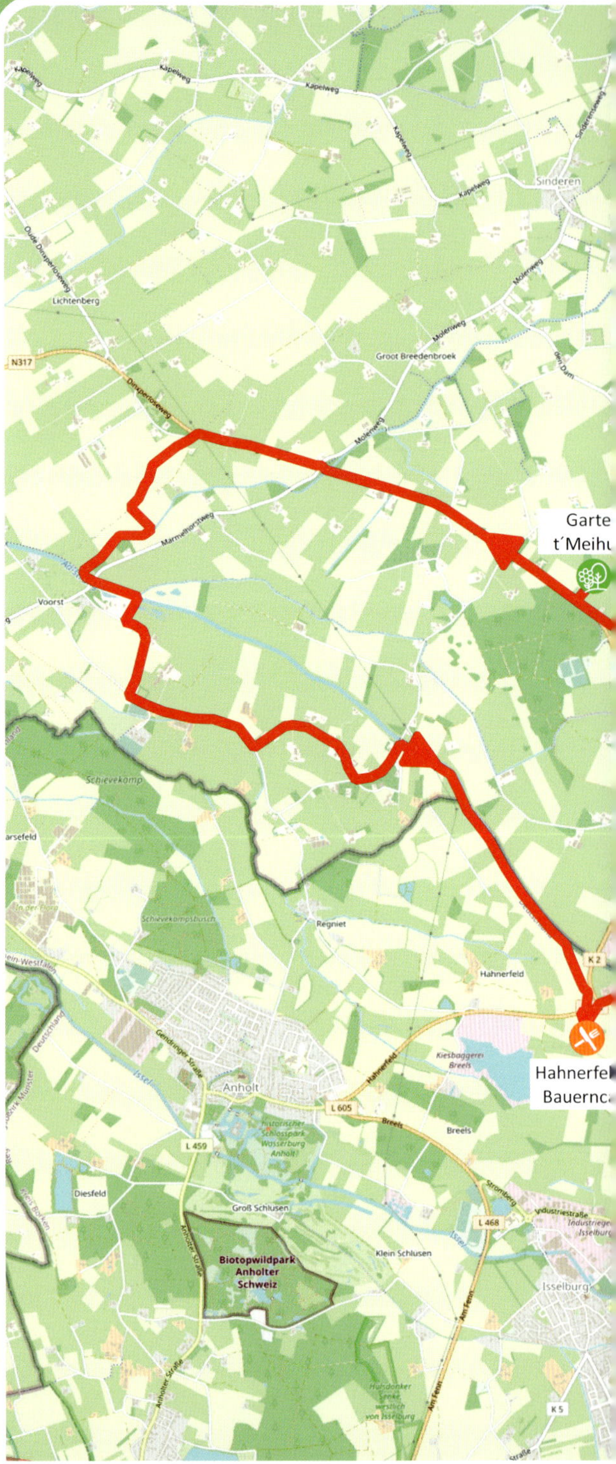

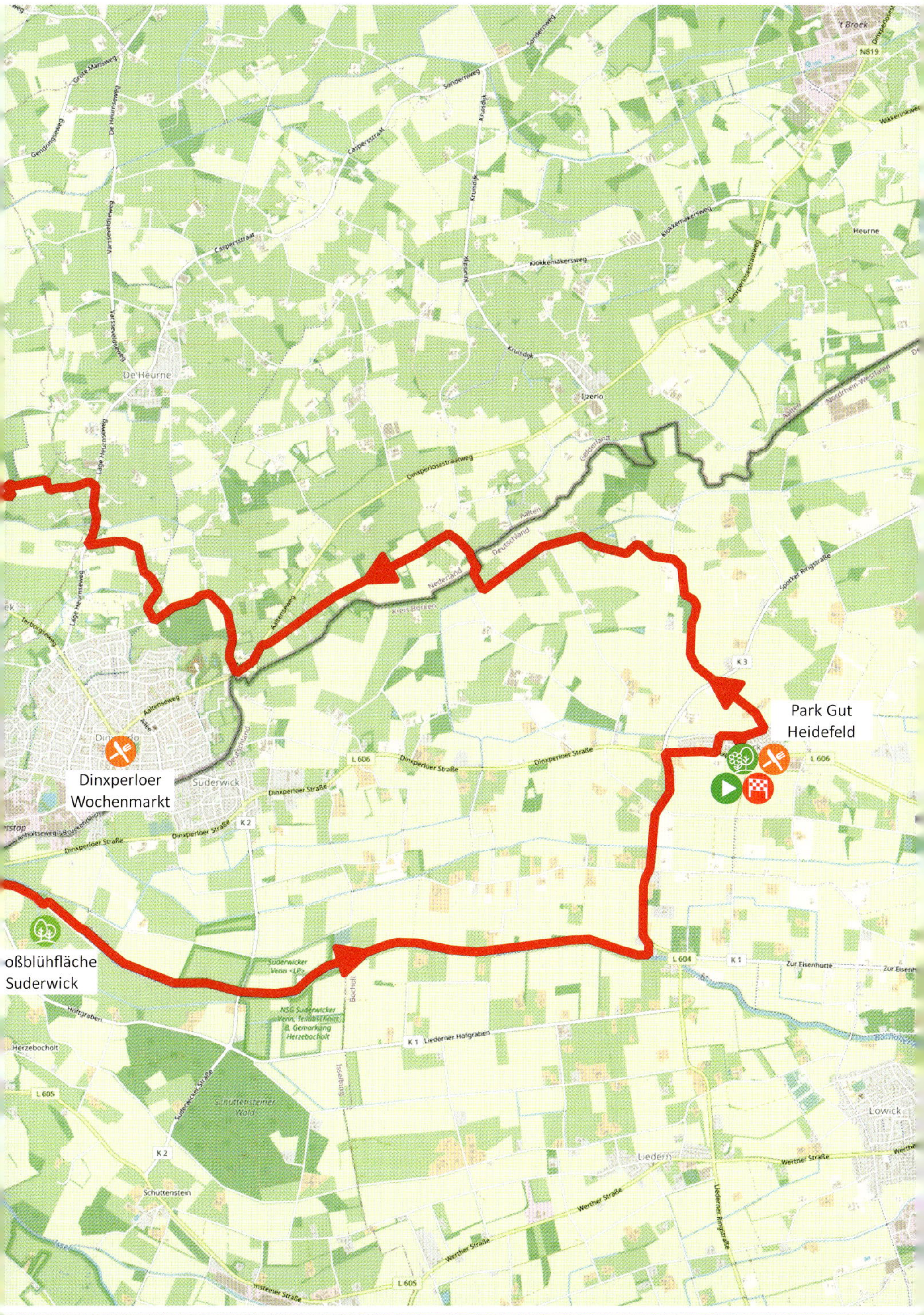

Park Gut
Heidefeld
Dinxperloer
Wochenmarkt
oßblühfläche
Suderwick
De Heurne
IJzerlo
Suderwick
Liedern
Lowick
Heurne
't Broek
Schuttenstein
Schuttensteiner Wald
Dinxperloer Straße
Liederner Hofgraben
Werther Straße
Liederner Ringstraße
Dinxperlosestraatweg
Klokkemakersweg
Kruisdijk
Nordrhein-Westfalen
Gelderland
Nederland
Deutschland
Kreis Borken
Aalten
L 606
L 604
L 605
K 1
K 2
K 3
N819

Radwegebeschaffenheit

Waldwege mit leicht unebener, sandiger Beschaffenheit

Asphaltierter
Radweg neben
den Straßen

Asphaltierte
Straße wird zum
Radfahren genutzt

Gut ausgebaute
Feldwege dienen
als Radweg

Praktische Infos

Knotenpunktnetze ermöglichen eine flexible Tourenplanung – und dies sogar über die Ländergrenze hinweg. Informationen finden Sie unter www.kreis-borken.de/knotenpunkte sowie unter www.hollandfahrradland.de/online-radroutenplaner. Teilstrecken können Sie von Mai bis Oktober bequem mit den sogenannten Fietsenbussen zurücklegen. Strecken und Fahrpläne finden Sie unter www.fietsenbusse.de.

Falls Sie ein Rad leihen möchten, haben Sie mehrere Möglichkeiten:
In Borken verfügt die Tourist-Information über City-Bikes in verschiedenen Größen mit 7-Gang-Schaltung: Fahrradvermietung in der Tourist-Information Borken, Markt 15, 46325 Borken, 02861/939-252, tourist-info@borken.de
Die Stadtwerke Borken bieten das Bikesharingsystem „Mietfiets" an. Die Pedelecs können am Bahnhof Borken nach vorheriger Registrierung im Internet oder über die Mietfiets-App ausgeliehen werden: Stadtwerke Borken, Team Mietfiets, 02863/9567-123, mietfiets@emergy.de, www.mietfiets.de
Eine große Auswahl an Leihrädern finden Sie bei Fahrrad Funke, Paulusstraße 8, 46342 Velen-Ramsdorf, 02863/6205, info@fahrrad-funke.de. Die Räder werden nach Absprache gegen Aufpreis zum vereinbarten Treffpunkt geliefert.
In Bocholt bietet die Büngern-Technik Leihräder aller Art und Größe am Busbahnhof an: Radstation der Büngern-Technik, Josef-Jakob-Platz 3, 46399 Bocholt, 02871/25131020, radstation@buengern-technik.de, www.buengern-technik.de

Die GPX-Daten zu den Touren sind auf der Internetseite des Verlages hinterlegt.

Ausschlussformel

Alle Informationen wurden nach bestem Wissen und Gewissen zusammengestellt. Zum Zeitpunkt der Recherche waren sie korrekt, eventuell kann es nach Erscheinen Abweichungen bei den Adressen, Öffnungszeiten, Telefonnummern etc. geben. Für die Richtigkeit der Angaben in diesem Buch kann keine Haftung übernommen werden, weshalb die Nutzung auf eigene Gefahr erfolgt. Dies gilt auch für eventuelle Abweichungen bei den GPX-Daten. Für die Webseiten Dritter, die in diesem Werk genannt werden, übernehmen weder der Verlag noch die Autoren Haftung.